Italiensk Kulinarisk Elegance
Opskrifter til Sjælen

Elena Rossi

INDHOLD

Salat med rejer og ris 9

Rejer, appelsin og ansjos salat 12

Salat af sardiner og rucola 14

Grillet kammusling salat 17

Venetiansk krabbesalat 19

Calamari salat med rucola og tomater 21

Hummer salat 25

Toscansk salat af tun og bønner 29

Tun couscous salat 31

Tunsalat med bønner og rucola 33

Tunsalat fredag aften 36

Gorgonzola og hasselnøddevinaigrette 39

Vinaigrette med citroncreme 40

Orange-honning vinaigrette 41

Kød bouillon 42

Kyllingebouillon 44

Antonietta bønnesuppe 46

Pasta og bønner 49

Cremet bønnesuppe 51

Friulian suppe af byg og bønner 53

Bønne- og svampesuppe 55

Milanesisk pasta og bønner 58

Linse- og fennikelsuppe 62

Spinat, linser og rissuppe 64

Linsesuppe og grøn grøntsagssuppe 66

Pureret linsesuppe med croutoner 68

Kikærtesuppe fra Puglia 70

Kikærte og Pasta suppe 72

Ligurisk suppe med kikærter og svampe 75

Toscansk brød og grøntsagssuppe 78

vinter squashsuppe 83

Suppe "kogt vand" 85

Zucchini pesto suppe 87

Porre, tomat og brødsuppe 90

Zucchini og tomatsuppe 92

Zucchini og kartoffelsuppe 94

Cremet fennikelsuppe 96

Svampesuppe og kartoffelsuppe 98

Cremet blomkålssuppe 100

Siciliansk tomat- og bygsuppe 102

Rød peber suppe 104

Fontina, brød og kålsuppe 106

Cremet svampesuppe 109

Grøntsagssuppe med pesto 112

Pavia æggesuppe 115

Romaine æggesuppe 118

Pandekager med æg i bouillon 120

Boghvedetærter i bouillon 122

Brødnudler i bouillon 125

Tyrolerruller 127

Grønne bønner og pølsesuppe 130

Scarolesuppe og små frikadeller 134

Suppe "gommen" 137

Toscansk fiskesuppe 140

Kraftig fiskesuppe 143

Fisk og skaldyr, pasta og bønnesuppe 145

Muslinger og muslinger i tomatbouillon 149

marinara sauce 152

frisk ketchup 154

Tomatsauce, siciliansk stil 156

Tomatsauce, toscansk stil 159

Pizzaiola sauce 162

"Falsk" kødsovs 164

Pink sauce 167

Lak tomatsauce 169

Brændt ketchup 171

Ragù i Abruzzo stil 173

Napolitansk Ragu 176

pølsegryde 180

Marche stil ragu 182

Toscansk kødsauce 185

Bolognese ragout 189

Andegryderet 192

Kanin- eller kyllingegryderet 195

Stuvning af porcini-svampe og kød 198

Svinekød med friske krydderurter 201

Kødgryderet med trøffel 204

Smør og salviesauce 208

Hellig olie 210

Fontina ostesauce 211

bechamel 212

hvidløgssauce 214

Grøn sauce 216

Salat med rejer og ris

Insalata di Riso med Gamberi

Giver 4 portioner

Fiumicino, uden for Rom, er bedst kendt som placeringen af en af Italiens største lufthavne, opkaldt efter kunstneren Leonardo Da Vinci. Men Fiumicino er også en havneby, hvor romerne gerne tager hen om sommeren for at nyde den kølige brise og spise i en af de fremragende fiskerestauranter på stranden. På Bastianelli al Molo sad vi på terrassen under en stor hvid parasol og kiggede ud over havet. Jeg spiste en multi-retters måltid inklusive denne simple reje- og rissalat.

Kogte langkornede ris stivner i køleskabet, så tilbered denne salat kort før servering.

2 kopper langkornet ris

1/3 kop ekstra jomfru olivenolie

3 spsk frisk citronsaft

1 pund mellemstore rejer, pillede og deveirede

1 bundt rucola

2 mellemstore tomater i kvarte

1. Bring 4 kopper vand i kog i en stor gryde. Tilsæt risene og 1 tsk salt. Bland godt. Reducer varmen til lav, dæk til og kog, indtil risene er møre, 16 til 18 minutter. Hæld risene i en stor skål.

2. I en lille skål kombineres olie, citronsaft, salt og peber efter smag. Rør halvdelen af dressingen gennem risene og lad afkøle.

3. Skær de seje stilke af rullen og kassér de gule eller knuste blade. Vask rucolaen flere gange med koldt vand. Tørrer meget godt. Riv ruccolaen i mundrette stykker.

4. Bring 2 liter vand i kog i en mellemstor gryde. Tilsæt rejer og salt efter smag. Bring i kog og kog indtil rejerne er lyserøde og gennemstegte, cirka 2 minutter. Dræn og afkøl under rindende vand.

5. Skær rejerne i mundrette stykker. Rør rejer og rucola gennem risene. Tilsæt resten af dressingen og bland godt.

Smag til og juster krydringen. Pynt med tomaterne. Server straks.

Rejer, appelsin og ansjos salat

Insalata di Gamberi, Arancia og Acciughe

Giver 4 portioner

En af mine yndlings venetianske restauranter er La Corte Sconta, den "skjulte gårdhave". På trods af navnet er det ikke svært at finde, da det er en meget populær trattoria, der serverer en menu med alle skaldyrsretter. Denne krydrede Dijon sennepssalat er inspireret af det, jeg spiste der.

1 lille rødløg, skåret i tynde skiver

2 tsk dijonsennep

1 fed hvidløg, let knust

4 tsk frisk citronsaft

1/4 kop ekstra jomfru olivenolie

1 tsk hakket frisk rosmarin

Salt og friskkværnet sort peber

24 store rejer, pillede og fiskede

4 navleappelsiner, skrællet, uden hvid skal og skåret i skiver

1 (2 ounce) ansjosfileter, drænet

1. Læg løget i en mellemstor skål med meget koldt vand til at dække. Lad stå i 10 minutter. Dræn løgene og dæk dem igen med meget koldt vand og lad dem sidde i yderligere 10 minutter. (Dette gør løgsmagen mindre udtalt.) Tør løgene.

2. I en stor skål piskes sennep, hvidløg, citronsaft, olie og rosmarin sammen med salt og friskkværnet sort peber efter smag.

3. Bring en mellemstor gryde med vand i kog over middel varme. Tilsæt rejer og salt efter smag. Kog indtil rejerne er lyserøde og gennemstegte, cirka 2 minutter, afhængig af størrelse. Dræn og afkøl under rindende vand.

4. Tilsæt rejerne i skålen med dressingen og bland godt. Anret brøndkarsen på serveringsfade. Pynt med appelsinskiverne. Hæld rejer og dressing over appelsinerne. Fordel løgskiverne over. Server straks.

Salat af sardiner og rucola

Insalata med Sardinien

Giver 2 portioner

Denne salat er baseret på en jeg smagte i Rom, serveret på en tyk skive toast og serveret som bruschetta. Selvom jeg kunne lide kombinationen, var den svær at spise. Jeg serverer gerne brødet som tilbehør. Dåse sardiner pakket ind i olivenolie har en lækker røget smag, der tilføjer så meget til denne enkle salat.

1 stort bundt rucola

2 spsk olivenolie

1 spsk frisk citronsaft

Salt og friskkværnet sort peber

1/2 kop tørrede sorte oliven, groft renset og skåret i 2 eller 3 stykker

1 dåse (3 ounce) sardiner i olivenolie

2 grønne løg, skåret i tynde skiver

4 skiver italiensk brød, ristet

1. Skær de seje stilke af rullen og kassér de gule eller knuste blade. Vask rucolaen flere gange med koldt vand. Tørrer meget godt. Riv ruccolaen i mundrette stykker.

2. I en stor skål piskes olie, citronsaft, salt og peber sammen efter smag. Tilsæt rucola, oliven, sardiner og grønne løg og bland godt. Smag til og juster krydringen.

3. Server straks med toast.

Grillet kammusling salat

Insalata di Capesante alla Griglia

Giver 3-4 portioner.

Store, fyldige kammuslinger er lækkert grillet og serveret på en seng af mør grøn salat og tomater. Kammuslinger kan tilberedes på en udendørs grill, men jeg laver denne salat året rundt, og derfor plejer jeg at tilberede kammuslinger på en grillpande. Denne salat er inspireret af, hvad jeg ofte spiste på I Trulli og Enoteca restaurant i New York.

Olivenolie

1 pund store kammuslinger, skyllet

2 spsk frisk citronsaft

Salt og friskkværnet sort peber

2 spsk hakket frisk basilikum

1 spsk hakket frisk mynte

2 store modne tomater, skåret i mundrette stykker

6 kopper bløde grøntsager, skåret i mundrette stykker

1. Varm en grillpande op ved middel varme, indtil en dråbe vand syder, når den rammer overfladen. Pensl panden let med olie.

2. Tør kammuslingerne og læg dem på en grillpande. Kog indtil kammuslingerne er let brunede, cirka 2 minutter. Vend kammuslingerne og steg indtil de er gyldenbrune og let gennemsigtige i midten, 1 til 2 minutter mere.

3. I en stor skål piskes citronsaften med 3 spsk af olien. Tilsæt kammuslingerne og bland godt. Lad stå i 5 minutter under omrøring en eller to gange.

4. Tilsæt krydderurter og tomater til kammuslingerne og rør forsigtigt.

5. Anret salaten på tallerkener. Top med kammuslingblandingen og server straks.

Venetiansk krabbesalat

Insalata di Granseola

Giver 6 portioner

Venedig har mange vinbarer, kaldet bacari, hvor folk samles for at møde venner og nyde et glas vin og en tallerken mad. Denne delikate salat lavet med store krabber, kaldet granseole, serveres ofte som garniture til crostini. I mere formelle restauranter finder du det elegant serveret i radicchio-ruller. Det er en lækker aperitif til et sommermåltid.

2 spsk hakket frisk fladbladet persille

1/4 kop ekstra jomfru olivenolie

2 spsk frisk citronsaft

Salt og friskkværnet sort peber efter smag

1 pund frisk krabbekød, taget ud

radicchio blade

1. I en mellemstor skål piskes persille, olie, citronsaft, salt og peber sammen efter smag. Tilsæt krabbekødet og rør godt rundt. Smag til krydderier.

2. Arranger radicchiobladene på tallerkener. Læg salaten på bladene. Server straks.

Calamari salat med rucola og tomater

Calamari salat

Giver 6 portioner

Et tværgående snit på overfladen af calamarien får stykkerne til at krølle stramt under tilberedningen. Dette gør ikke kun blæksprutten blød, men gør den også meget attraktiv.

For at opnå den bedste smag, tillad tilstrækkelig marineringstid. Du kan forberede calamari op til tre timer i forvejen.

1 1/2 pund renset calamari (calamari)

2 fed hvidløg, hakket

2 spsk hakket frisk fladbladet persille

5 spiseskefulde olivenolie

2 spsk frisk citronsaft

Salt og friskkværnet sort peber

1 stort bundt rucola

1 spsk balsamicoeddike

1 kop cherry- eller vindruetomater, halveret

1. Skær calamarien i halve på langs og fold dem flade ud. Skær kroppen med en skarp kniv ved at tegne diagonale linjer omkring 1/4 tomme fra hinanden. Drej bladet og lav diagonale linjer i den modsatte retning, hvilket skaber et mønster på kryds og tværs. Skær hver blæksprutte i 2-tommers firkanter. Skær bunden af hver gruppe af tentakler i halve. Skyl stykkerne, afdryp og læg dem i en skål.

2. Tilsæt hvidløg, persille, 2 spsk olivenolie, citronsaft, salt og peber efter smag og bland godt. Dæk til og mariner op til 3 timer før tilberedning.

3. Kom calamarien og marinaden i en stor gryde. Kog over medium varme, omrør ofte, indtil calamarien er uigennemsigtig, cirka 5 minutter.

4. Skær de seje stilke af rullen og kassér de gule eller knuste blade. Vask rucolaen flere gange med koldt vand. Tørrer meget godt. Riv ruccolaen i mundrette stykker. Anret rucolaen på en tallerken.

5. I en lille skål piskes de resterende 3 spsk olie og eddike sammen og smages til med S&P. Hæld blandingen over og bland godt. Læg blæksprutten på rullen. Fordel over tomaterne og server med det samme.

Hummer salat

Insalata fra Aragosta

Giver 4-6 portioner

Sardinien er berømt for sine skaldyr, især hummer, kendt som maddiker, og søde rejer. Min mand og jeg spiste denne friske, velsmagende salat på en lille strand ved havet i Alghero, mens vi så fiskerne reparere deres net til næste dags arbejde. En af dem sad barfodet på perronen. Med tæerne tog han fat i den ene ende af nettet og holdt det fast, så begge hænder var frie til at sy.

Denne salat kan være et komplet måltid eller en forret. En flaske afkølet sardinsk vernaccia ville være det perfekte tilbehør.

Nogle fiskemarkeder vil dampe hummeren for dig, hvilket sparer dig et skridt.

4 hummere (ca. 1 1/4 pund hver)

1 mellemstor rødløg, halveret og skåret i tynde skiver

6 basilikumblade

4 møre selleristænger, skåret i tynde skiver

Cirka 1/2 kop ekstra jomfru olivenolie

2 til 3 spsk frisk citronsaft

Salt og friskkværnet sort peber

salatblade

8 tynde skiver italiensk brød

1 fed hvidløg

3 store modne tomater, skåret i kvarte

1. Læg et stativ eller en dampkoger i bunden af en gryde, der er stor nok til at rumme de fire hummere. (En 8 eller 10 gallon gryde burde virke.) Tilføj vand lige under stativet. Varm vandet op til det koger. Tilsæt hummer og dæk gryden. Når vandet koger tilbage, og der kommer damp ud af gryden, koger du hummeren i 10 minutter eller længere,

afhængigt af dens størrelse. Læg hummeren på en tallerken og lad den køle af.

2. Læg løget i en lille skål og dæk med isvand. Lad stå i 15 minutter. Skift vandet og lad det sidde i yderligere 15 minutter. Dræn og tør.

3. Fjern imens hummerkødet fra skallerne. Bræk hummerhalerne. Brug fjerkræsaks til at fjerne den tynde skal, der dækker kødet, fra halen. Slå kløerne med den stumpe side af kniven for at brække dem af. Åbn kløerne. Fjern kødet med fingrene. Skær kødet i tynde skiver og læg det i en stor skål.

4. Stabel basilikumbladene oven på hinanden og skær dem på kryds og tværs i tynde strimler. Tilsæt basilikum, selleri og løg i skålen med hummer. Dryp med 1/4 dl olie og citronsaft og drys med salt og peber efter smag. Rør grundigt. Anret hummerblandingen på fire tallerkener beklædt med salatblade.

5.Rist brødet og gnid det derefter med et fed hvidløg i skiver. Pensl toasten med den resterende olie og drys med salt. Pynt retten med ristet brød og tomater. Server straks.

Toscansk salat af tun og bønner

Insalata di Tonno alla Toscana

Giver 6 portioner

Toscanske kokke er kendt for deres evne til at tilberede bønner til perfektion. Bløde, cremede og fulde af smag, bønner gør en almindelig ret til noget særligt, som denne klassiske salat. Hvis du kan finde det, så køb ventresca di tonno, tun mave, dåse i god olivenolie. Maven betragtes som den tyndeste del af tunen. Det er dyrere, men fuld af smag, med en kødfuld tekstur.

3 spsk ekstra jomfru olivenolie

1 til 2 spsk frisk citronsaft

Salt og friskkværnet sort peber

3 kopper kogte eller dåse cannellini bønner, drænet

2 møre selleristængler, skåret i tynde skiver

1 lille rødløg i meget tynde skiver

2 dåser (7 ounce) italiensk tun pakket ind i olivenolie

2 eller 3 belgiske ænder, trimmet og adskilt i lanser

1.I en mellemstor skål piskes olie, citronsaft og salt sammen efter smag med en generøs knivspids peber.

2.Tilsæt bønner, selleri, løg og tun. Bland godt.

3.Anret cikoriespidserne på en tallerken. Pynt med salat. Server straks.

Tun couscous salat

Insalata di Tonno og Couscous

Giver 4 portioner

Couscous indtages i flere italienske regioner, herunder dele af Sicilien og Toscana. Hvert år er den sicilianske by San Vito lo Capo vært for en couscous-festival, der tiltrækker hundredtusindvis af besøgende fra hele verden. Couscous tilberedes traditionelt med forskellige fisk og skaldyr, kød eller grøntsager og serveres varm. Denne hurtige salat med tun og couscous er en moderne og mættende ret.

1 kop hurtigkogt couscous

Saltet

2 spsk hakket frisk basilikum

3 spiseskefulde olivenolie

2 spsk citronsaft

Friskkværnet sort peber

1 dåse (7 ounce) italiensk tun pakket ind i olivenolie

2 bløde selleristrimler, finthakket

1 tomat, i stykker

1 lille agurk, skrællet, kernet og hakket

1. Kog couscousen med salt efter smag efter anvisningen på pakken.

2. I en lille skål piskes basilikum, olie, citronsaft, salt og peber sammen efter smag. Rør den varme couscous i. Bland godt. Smag til og juster krydringen. Dræn tunen og kom den i skålen med selleri, tomater og agurk.

3. Bland godt. Smag til og juster krydringen. Server ved stuetemperatur eller lad køle kort i køleskabet.

Tunsalat med bønner og rucola

Insalata di Tonno, Fagioli og Rucola

Giver 2-4 portioner

Jeg tror, jeg kunne skrive en hel bog om mine yndlingstunsalater. Det er en jeg ofte laver til en hurtig frokost eller aftensmad.

1 stort bundt brøndkarse eller brøndkarse

2 kopper kogte eller dåse cannellini eller tranebær, drænet

1 dåse (7 ounce) italiensk tun pakket ind i olivenolie

¼ kop hakket rødløg

2 spsk kapers, skyllet og skyllet

1 spsk frisk citronsaft

Salt og friskkværnet sort peber

Citronskiver til pynt

1. Klip stærke stængler af karse eller karse og kassér eventuelle gule eller forslåede blade. Vask rucolaen flere gange med koldt vand. Tørrer meget godt. Skær grøntsagerne i mundrette stykker.

2. Bland bønner, tun og dens olie, rødløg, kapers og citronsaft i en stor salatskål. Rør grundigt.

3. Rør det grønne i og server pyntet med citronskiver.

Tunsalat fredag aften

Insalata fra Venerdi Sera

Giver 4 portioner

Engang var fredage kødløse dage i katolske hjem. Middagen hjemme hos os bestod normalt af pasta og bønner og denne nemme salat.

1 dåse (7 ounce) italiensk tun pakket ind i olivenolie

2 selleristængler med blade, trimmet og skåret i skiver

2 mellemstore tomater, skåret i mundrette stykker

2 hårdkogte æg, pillet og delt i kvarte

3 eller 4 skiver rødløg, skåret i tynde skiver og i kvarte

En knivspids tørret oregano

2 spsk ekstra jomfru olivenolie

1/2 af en mellemstor romainesalat, skyllet og tørret

citronbåde

1. Læg tunen med olien i en stor skål. Bræk tunen i stykker med en gaffel.

2. Tilsæt selleri, tomater, æg og løg til tunen. Drys med oregano og olivenolie og bland let.

3. Anret salatbladene på en tallerken. Pynt med tunsalat. Pynt med citronbåde og server med det samme.

TØJ

Gorgonzola og hasselnøddevinaigrette

Salsa fra Gorgonzola og Nocciole

Gør omkring 2/3 kopper

Jeg fik denne vinaigrette i Piemonte, hvor den blev serveret over endiveblade, men den passer godt til enhver hård grøntsag, som grønkål, escarole eller spinat.

4 spsk ekstra jomfru olivenolie

1 spsk rødvinseddike

Salt og friskkværnet sort peber

2 spsk malet gorgonzola

¼ kop hakkede ristede hasselnødder (se<u>Hvordan man rister og skræller valnødder</u>)

I en lille skål piskes olie, eddike, salt og peber sammen efter smag. Rør gorgonzola og hasselnødder i. Server straks.

Vinaigrette med citroncreme

Salsa di Limone alla Panna

Gør omkring 1/3 kop

Lidt fløde søder citronvinaigretten. Jeg kan godt lide det på bløde salatblade.

3 spsk ekstra jomfru olivenolie

1 spsk frisk citronsaft

1 spsk flødeskum

Salt og friskkværnet sort peber

> I en lille skål piskes alle ingredienser sammen. Server straks.

Orange-honning vinaigrette

Citronette al'Arancia

Gør omkring 1/3 kop

Sødmen i denne dressing gør den til en perfekt kombination med blandede grøntsager såsom mesclun. Eller prøv det med en kombination af brøndkarse, rødløg og sorte oliven.

3 spsk ekstra jomfru olivenolie

1 tsk honning

2 spsk frisk appelsinjuice

Salt og friskkværnet sort peber

I en lille skål piskes alle ingredienser sammen. Server straks.

Kød bouillon

Brodo di Carne

Giver omkring 4 liter

Her er en basisfond lavet af forskelligt kød til brug i supper, risottoer og gryderetter. En god fond skal være fuld af smag, men ikke så kraftig, at den overdøver rettens smag. Okse-, kalv- og fjerkræ kan bruges, men undgå svine- eller lam. Deres smag er stærk og kan overdøve bouillonen. Varier proportionerne af kødet til denne bouillon afhængigt af din smag eller de ingredienser, du har ved hånden.

2 pund kødfuldt okseben

2 lb udbenet kalveskank

2 pund kylling eller kalkun stykker

2 gulerødder, renset og skåret i 3 eller 4 stykker

2 selleristængler med blade, skåret i 3 eller 4 stykker

2 mellemstore løg, pillede men efterladt hele

1 stor tomat eller 1 kop dåsetomater

1 fed hvidløg

3 eller 4 kviste frisk fladbladet persille med stilke

1. Bland kød, ben og kyllingestykker i en stor gryde. Tilsæt 6 liter koldt vand og bring det i kog ved middel varme.

2. Juster varmen, så vandet næsten ikke koger. Skum eventuelt skum og fedt af, der stiger til overfladen af fonden.

3. Når skummet holder op med at hæve tilsættes resten af ingredienserne. Kog i 3 timer, juster varmen, så væsken forsigtigt bobler.

4. Lad fonden afkøle kort og si den derefter over i en plastikbeholder. Bouillonen kan bruges med det samme, eller lad den køle helt af, dæk til og opbevar i køleskabet i op til 3 dage eller i fryseren i op til 3 måneder.

Kyllingebouillon

Brodo di Pollo

Giver omkring 4 liter

En ældre kylling, også kaldet en fugl, giver fonden en fyldigere og rigere smag end en yngre fugl. Hvis du ikke kan finde fjerkræ, så prøv at tilføje kalkunvinger eller -hals til bouillonen, men brug ikke for meget kalkun, ellers vil smagen overvælde kyllingen.

Efter tilberedning vil meget af smagen blive udvasket fra kødet, men sparsommelige italienske kokke bruger det til at lave en salat eller hakke det til pasta eller grøntsagsfyld.

1 hel fjerkræ eller kylling, 4 lbs

2 pund kylling eller kalkun stykker

2 selleristængler med blade, skåret i stykker

2 gulerødder, i stykker

2 mellemstore løg, pillet og efterladt hele

1 stor tomat eller 1 kop dåsetomater

1 fed hvidløg

3 eller 4 kviste frisk persille

1. Læg fjerkræ og kylling eller kalkun i en stor gryde. Tilsæt 5 liter koldt vand og bring det i kog ved middel varme.

2. Juster varmen, så vandet næsten ikke koger. Skum eventuelt skum og fedt af, der stiger til overfladen af fonden.

3. Når skummet holder op med at hæve tilsættes resten af ingredienserne. Kog i 2 timer, juster varmen, så væsken forsigtigt bobler.

4. Lad fonden afkøle kort og si den derefter over i en plastikbeholder. Bouillonen kan bruges med det samme, eller lad den køle helt af, dæk til og opbevar i køleskabet i op til 3 dage eller i fryseren i op til 3 måneder.

Antonietta bønnesuppe

Zuppa di Fagioli

Giver 8 portioner

Da jeg besøgte Pasetti-familiens vingård i Abruzzo, lavede deres kok, Antonietta, denne bønnesuppe til frokost. Den er baseret på klassikerne<u>Ragù i Abruzzo stil</u>, men du kan bruge en anden tomatsauce med eller uden kød.

En grøntsagskværn bruges til at glatte bønnerne og fjerne skindet. Du kan også purere suppen i en foodprocessor eller blender. Antonietta serverede suppen med friskrevet Parmigiano-Reggiano, selvom hun fortalte os, at det er traditionelt for spisende gæster i denne region at krydre suppen med frø af frisk grøn peber. Sammen med revet ost gik hun rundt om en tallerken chilipeber og en kniv, så hver spisende kunne hakke og tilføje deres egne.

2 kopper<u>Ragù i Abruzzo stil</u>, eller anden kød- eller tomatsauce

3 kopper vand

4 kopper kogte, tørrede eller dåse tranebær eller cannellini bønner, drænet

Salt og friskkværnet sort peber efter smag

4 ounce spaghetti, skåret eller brudt i 2-tommers stykker

Friskrevet Parmigiano-Reggiano

1 eller 2 friske grønne peberfrugter, såsom jalapeno (valgfrit)

1. Tilbered ragù, evt. Bland derefter bouillon og vand i en stor gryde. Kom bønnerne gennem en grøntsagskværn i gryden. Kog ved svag varme, under omrøring af og til, indtil suppen er varm. Salt og peber efter smag.

2. Tilsæt pastaen og bland godt. Kog, omrør ofte, indtil pastaen er færdig. Tilsæt lidt vand, hvis suppen bliver for tyk.

3. Serveres lun eller lun. Udelad ost og frisk peberfrugt, hvis du bruger, separat.

Pasta og bønner

Pasta og fagioli

Giver 8 portioner

Denne napolitanske version af bønne- og pastasuppe (kendt under dialektnavnet "pasta faazol") serveres normalt meget tyk, men bør altid spises med en ske.

1/4 kop olivenolie

2 stilke selleri, hakket (ca. 1 kop)

2 fed hvidløg, hakket

1 kop skrællede, frøede og hakkede friske eller dåsetomater

En knivspids kværnet rød peber

Saltet

3 kopper drænet eller dåse kogt cannellini eller Great Northern bønner

8 ounce ditalini eller brudt spaghetti

1. Hæld olien i en stor gryde. Tilsæt selleri og hvidløg. Kog, omrør ofte, ved middel varme, indtil grøntsagerne er bløde og gyldenbrune, cirka 10 minutter. Tilsæt tomater, stødt rød peber og salt efter smag. Lad det simre, indtil det er let tyknet, cirka 10 minutter.

2. Tilsæt bønnerne til tomatsaucen. Bring blandingen i kog. Knus nogle bønner med bagsiden af en stor ske.

3. Bring en stor gryde vand i kog. Salt efter smag og derefter pastaen. Bland godt. Kog ved høj varme under ofte omrøring, indtil pastaen er mør, men let kogt. Dræn pastaen, gem lidt af kogevæsken.

4. Rør pastaen i bønneblandingen. Tilsæt eventuelt lidt kogevand, men blandingen skal være meget tyk. Sluk for varmen og lad stå i cirka 10 minutter før servering.

Cremet bønnesuppe

Fagioli creme

Giver 4-6 portioner

Jeg stødte på en version af denne opskrift i A Tavola ("Ved bordet"), et italiensk madlavningsmagasin. Cremet og glat, denne suppe er ren, beroligende comfort food.

3 kopper drænet eller dåse kogt cannellini eller Great Northern bønner

Ca 2 hjemmelavede kopper<u>Kød bouillon</u>eller en blanding af halvt købt oksefond og halvt vand

½ kop mælk

2 æggeblommer

½ kop friskrevet Parmigiano-Reggiano, plus mere til servering

Salt og friskkværnet sort peber

1. Purér bønnerne i en foodprocessor, blender eller foodprocessor.

2. Bring i kog i en medium gryde ved middel varme. Rør bønnepastaen i og lad det simre igen.

3. I en lille skål piskes mælk og æggeblommer sammen. Hæld ca. en kop suppe i skålen og pisk indtil glat. Hæld blandingen i gryden. Kog, under omrøring, indtil det er meget varmt, men ikke kogende.

4. Rør Parmigiano-Reggiano i og smag til med salt og peber. Serveres lun med ekstra ost.

Friulian suppe af byg og bønner

Zuppa di Orzo og Fagioli

Giver 6 portioner

Selvom orzo er bedre kendt i USA som en lille pasta, er det det italienske navn for byg, et af de ældste korn, der nogensinde er dyrket. Området, der nu er Friuli i Italien, var engang en del af Østrig. Tilstedeværelsen af byg viser de østrigske rødder af denne suppe.

Hvis du bruger forkogte eller dåsebønner, skal du erstatte 3 kopper eller to 16-ounce dåser drænede bønner, reducere vandet til 4 kopper og koge suppe i kun 30 minutter i trin 2. Fortsæt derefter som anvist.

2 spsk olivenolie

2 ounce tynde skiver pancetta

2 stilke selleri, finthakket

2 gulerødder, i stykker

1 mellemstor løg, hakket

1 fed hvidløg, hakket

1 kop (ca. 8 ounce) tørret cannellini eller<u>Far North bønner</u>

1/2 kop perlebyg, skyllet og drænet

Salt og friskkværnet sort peber

1. Hæld olien i en stor gryde. Tilsæt pancettaen. Kog, omrør ofte, ved middel varme, indtil pancettaen er let brunet, cirka 10 minutter. Tilsæt selleri, gulerødder, løg og hvidløg. Kog, omrør ofte, indtil grøntsagerne er gyldenbrune, cirka 10 minutter.

2. Tilsæt bønnerne og 8 kopper vand. Bring det i kog. Dæk til og kog på lavt niveau i 1 1/2 til 2 timer, eller indtil bønnerne er meget møre.

3. Knus nogle bønner med bagsiden af en stor ske. Tilsæt byg, salt og peber efter smag. Bages i 30 minutter eller indtil byggen er mør. Rør ofte i suppen, så byggen ikke klæber til bunden af gryden. Tilsæt vand, hvis suppen er for tyk. Serveres lun eller lun.

Bønne- og svampesuppe

Minestra di Fagioli og Funghi

Giver 8 portioner

En kold efterårsdag i Toscana efterlod mig trang til en solid skål suppe og førte mig til et enkelt, men mindeværdigt måltid. På Il Prato, en restaurant i Pienza, meddelte tjeneren, at køkkenet havde tilberedt en særlig bønnesuppe den dag. Suppen var lækker, med en jordagtig røget smag, som jeg senere lærte kom fra tørrede svampe. Efter suppen bestilte jeg den fremragende pecorino-ost, som Pienza er berømt for.

½ ounce tørrede svampe

1 kop lunkent vand

2 mellemstore gulerødder, hakket

1 stilk selleri, finthakket

1 mellemstor løg, hakket

1 kop skrællede, frøede og hakkede friske eller dåsetomater

¼ kop hakket frisk fladbladet persille

6 hjemmelavede kopper<u>Kød bouillon</u>Eller<u>Kyllingebouillon</u>eller en blanding af halvt købt lager og halvt vand

3 kopper drænet eller dåse kogt cannellini eller Great Northern bønner

½ kop mellemkornet ris, såsom Arborio

Salt og friskkværnet sort peber efter smag

1. Udblød svampene i vand i 30 minutter. Fjern svampene og gem væsken. Skyl svampene under koldt rindende vand for at fjerne eventuelle grus, og vær særlig opmærksom på stænglerne, hvor jorden samler sig. Hak svampene groft. Si væsken fra svampene gennem et papirkaffefilter ned i en skål og stil til side.

2. I en stor gryde kombineres svampene og deres væske, gulerødder, selleri, løg, tomater, persille og bouillon. Bring det i kog. Kog indtil grøntsagerne er møre, cirka 20 minutter.

3.Tilsæt bønner og ris og smag til med salt og peber. Kog til risene er møre, 20 minutter, under omrøring af og til. Serveres lun eller lun.

Milanesisk pasta og bønner

Milanesisk pasta og fagioli

Giver 8 portioner

Rester af frisk pasta, kaldet maltagliati ("dårligt skåret"), bruges normalt i denne suppe, eller du kan bruge frisk fettuccine skåret i mundrette stykker.

2 spsk usaltet smør

2 spsk olivenolie

6 friske salvieblade

1 spsk hakket frisk rosmarin

4 gulerødder, i stykker

4 stilke selleri, hakket

3 mellemkogende kartofler, skåret i stykker

2 løg, hakket

4 tomater, skrællede, frøet og hakket, eller 2 kopper dåsetomater

1 pund (ca. 2 kopper) tørrede tranebær eller cannellini bønner (se Markbønner) eller 4 16-ounce dåser

Cirka 8 hjemmelavede kopper Kød bouillon eller en blanding af halvdelen købt okse- eller grøntsagsfond og halvdelen vand

Salt og friskkværnet sort peber

8 ounces frisk maltagliati eller frisk fettuccine, skåret i 1-tommers stykker

ekstra jomfru oliven olie

1. Smelt smør og olie i en stor gryde ved middel varme. Rør salvie og rosmarin i. Tilsæt gulerødder, selleri, kartofler og løg. Kog, omrør ofte, indtil de er møre, cirka 10 minutter.

2. Rør tomater og bønner i. Tilsæt bouillon og salt og peber efter smag. Bring blandingen i kog. Kog over lav varme, indtil alle ingredienser er meget bløde, cirka 1 time.

3. Fjern halvdelen af suppen fra gryden og kør den gennem en foodprocessor eller purér den i en blender. Kom puréen tilbage i gryden. Bland godt og tilsæt pastaen. Bring det i kog og sluk derefter for varmen.

4. Lad suppen køle lidt af inden servering. Serveres lun, med et skvæt ekstra jomfru olivenolie og et godt nip peber.

Linse- og fennikelsuppe

Zuppa di Lenticchie og Finocchio

Giver 8 portioner

Linser er en af de ældste bælgplanter. De kan være brune, grønne, røde eller sorte, men i Italien er linser de bedste små grønne linser fra Castelluccio i Umbrien. I modsætning til bønner skal linser ikke lægges i blød før tilberedning.

Gem fennikelfjerene til pynt i suppen.

1 pund brune eller grønne linser, plukket og skyllet

2 mellemstore løg, hakket

2 gulerødder, i stykker

1 mellemkogende kartoffel, skrællet og hakket

1 kop hakket fennikel

1 kop friske eller dåsetomater, hakket

1/4 kop olivenolie

Salt og friskkværnet sort peber

1 kop tubetti, ditalini eller små krebsdyr

Friske fennikelblade, valgfri

ekstra jomfru oliven olie

1. Kom linser, løg, gulerødder, kartofler og fennikel i en stor gryde. Tilføj koldt vand til at dække omkring 1 tomme. Bring i kog og kog ved svag varme i 30 minutter.

2. Rør tomater og olivenolie i. Salt og peber efter smag. Kog til linserne er møre, cirka 20 minutter længere. Tilsæt eventuelt lidt vand, så det lige dækker linserne.

3. Rør pasta i og kog indtil pastaen er mør, 15 minutter mere. Smag til og juster krydringen. Pynt med finthakkede fennikelkviste, hvis det ønskes. Serveres varm eller varm med et skvæt ekstra jomfru olivenolie.

Spinat, linser og rissuppe

Minestra di Lenticchie og Spinaci

Giver 8 portioner

Hvis der tilsættes mindre vand, og risene udelades, bliver suppen til tilbehør til grillede fiskefileter eller svinekød. Escarole, grønkål, kål, mangold eller andet bladgrønt kan bruges i stedet for spinat.

1 pund linser, plukket og skyllet

6 kopper vand

3 store fed hvidløg, hakket

1/4 kop ekstra jomfru olivenolie

8 ounce spinat, opstammet og revet i mundrette stykker

Salt og friskkværnet sort peber

1 kop kogte ris

1. Kom linser, vand, hvidløg og olie i en stor gryde. Bring i kog og kog ved svag varme i 40 minutter. Tilsæt eventuelt lidt vand, så det lige dækker linserne.

2. Rør spinat og salt og peber i efter smag. Kog indtil linserne er møre, cirka 10 minutter mere.

3. Tilsæt risene og kog indtil de er varme. Serveres lun, med et skvæt ekstra jomfru olivenolie.

Linsesuppe og grøn grøntsagssuppe

Minestra di Lenticchie og Verdura

Giver 6 portioner

Tjek linserne før tilberedning for at fjerne små sten eller snavs. For en sundere suppe, tilsæt en kop eller to kogt ditalini eller smuldret spaghetti.

¼ kop olivenolie

1 mellemstor løg, hakket

1 stilk selleri, finthakket

1 mellemstor gulerod, hakket

2 fed hvidløg, hakket

½ kop hakkede blommetomater på dåse

8 ounce linser (ca. 1 kop), drænet og skyllet

Salt og friskkværnet sort peber

1 pund escarole, spinat eller andet bladgrønt, trimmet og skåret i mundrette stykker

1/2 kop friskrevet Pecorino Romano eller Parmigiano-Reggiano

1. Hæld olien i en stor gryde. Tilsæt løg, selleri, gulerod og hvidløg og steg ved middel varme i 10 minutter, eller indtil grøntsagerne er bløde og gyldenbrune. Rør tomaterne i og kog i yderligere 5 minutter.

2. Tilsæt linser, salt og peber og 4 dl vand. Bring det i kog og kog i 45 minutter eller indtil linserne er møre.

3. Rør grøntsagerne i. Dæk til og kog i 10 minutter, eller indtil grøntsagerne er møre. Smag til krydderier.

4. Rør osten i lige inden servering. Serveres varm.

Pureret linsesuppe med croutoner

Lenticchie puré

Giver 6-8 portioner

Sprøde skiver brød pynter denne cremede umbriske linsepuré. For ekstra smag, gnid croutonerne med rå hvidløg, mens de stadig er varme.

1 pund linser, plukket og skyllet

1 stilk selleri, finthakket

1 gulerod, hakket

1 stort løg, hakket

1 stor kogende kartoffel, skåret i stykker

2 spsk tomatpure

Salt og friskkværnet sort peber

2 spiseskefulde ekstra jomfru olivenolie, plus mere til servering

8 skiver italiensk eller fransk brød

1. Kom linser, grøntsager og tomatpuré i en stor gryde. Tilføj koldt vand til at dække 2 inches. Bring det i kog. Bages i 20 minutter. Tilsæt salt efter smag og mere vand, hvis det er nødvendigt for at dække ingredienserne. Kog i yderligere 20 minutter, eller indtil linserne er meget bløde.

2. Dræn indholdet af gryden og reserver væsken. Kom linser og grøntsager i en foodprocessor eller blender og purér, i portioner, hvis det er nødvendigt, indtil det er glat. Kom linserne tilbage i gryden. Smag til med salt og peber. Varm forsigtigt op, tilsæt eventuelt lidt kogevæske.

3. Opvarm 2 spsk olivenolie over medium varme i en stor stegepande. Tilsæt brødet i ét lag. Kog indtil ristet og gyldenbrun i bunden, 3 til 4 minutter. Vend brødstykkerne og brun i cirka 3 minutter mere.

4. Tag suppen af varmen. Hæld i skåle. Top hver skål med en skive toast. Serveres lun, med et skvæt olivenolie

Kikærtesuppe fra Puglia

Minestra di Ceci

Giver 6 portioner

I Puglia er denne tykke suppe lavet af korte strimler af frisk pasta kaldet lagane. Frisk fettuccine skåret i 3-tommers strimler kan erstattes, ligesom små former af tørret pasta eller uindpakket spaghetti. I stedet for bouillon bruges ansjoser til at smage denne suppe til med vand som kogevæske. Ansjoserne blander sig i suppen og tilføjer en masse karakter ubemærket.

1/3 kop olivenolie

3 fed hvidløg, let knust

2 2-tommer kviste frisk rosmarin

4 ansjosfileter, skåret i stykker

31/2 kopper kogte kikærter eller 2 16-ounce dåser, drænet og væskereserveret

4 ounce frisk fettuccine, skåret i 3-tommer stykker

Friskkværnet sort peber

1. Hæld olien i en stor gryde. Tilsæt hvidløg og rosmarin og steg ved middel varme, pres hvidløgsfeddene ned med bagsiden af en stor ske, indtil hvidløget er gyldenbrunt, cirka 2 minutter. Fjern og kassér hvidløg og rosmarin. Tilsæt ansjosfileterne og kog under omrøring, indtil ansjoserne er opløst, cirka 3 minutter.

2. Kom kikærterne i gryden og bland godt. Mos halvdelen af kikærterne groft med bagsiden af en ske eller en kartoffelmoser. Tilsæt lige nok vand eller kikærter til at dække kikærterne. Varm væsken op til kog.

3. Rør pastaen i. Smag til med en generøs knivspids sort peber. Kog indtil pastaen er blød, men fast. Fjern fra varmen og lad stå i 5 minutter. Serveres lun, med et skvæt ekstra jomfru olivenolie.

Kikærte og Pasta suppe

Minestra di Ceci

Giver 6-8 portioner

I Marche-regionen i det centrale Italien laves denne suppe nogle gange med quadrucci, små stykker frisk ægspasta. Til quadrucci skæres frisk fettuccine i korte stykker for at danne små firkanter. Lad hver person dryppe deres suppe med lidt ekstra jomfru olivenolie.

Af alle bælgfrugter synes jeg kikærter er de sværeste at tilberede. Nogle gange tager de meget længere tid om at blive bløde, end jeg troede. Det er en god idé at lave denne suppe på forhånd op til trin 2, derefter genopvarme og afslutte, når den er klar til servering, for at sikre, at kikærterne har tid nok til at blive bløde. .

1 pund tørrede kikærter, udblødt natten over (se<u>Markbønner</u>)

1/4 kop olivenolie

1 mellemstor løg, hakket

2 stilke selleri, finthakket

2 kopper dåsetomater, hakket

Saltet

8 ounce ditalini eller små bøjninger eller skaller

Friskkværnet sort peber

ekstra jomfru oliven olie

1. Hæld olien i en stor gryde. Tilsæt løg og selleri og kog under jævnlig omrøring ved middel varme i 10 minutter, eller indtil grøntsagerne er bløde og gyldenbrune. Tilsæt tomaterne og bring det i kog. Kog i yderligere 10 minutter.

2. Dræn kikærterne og kom dem i gryden. Tilsæt 1 tsk salt og koldt vand for at dække 1 tomme. Bring det i kog. Kog i 11/2 til 2 timer eller indtil kikærterne er meget bløde. Tilsæt eventuelt vand for at holde kikærterne dækket.

3. Cirka 20 minutter før kikærterne er klar, bringes en stor gryde vand i kog. Tilsæt salt og sæt derefter ind. Kog til pastaen er færdig. Afdryp og tilsæt suppen. Smag til med

salt og peber. Serveres lun, med et skvæt ekstra jomfru olivenolie.

Ligurisk suppe med kikærter og svampe

Pasta og Ceci con Porcini

Giver 4 portioner

Dette er min version af en suppe lavet i Ligurien. Nogle kokke laver den uden mangold, mens andre inkluderer kardon i ingredienserne.

1/2 ounce tørrede svampe

1 kop lunkent vand

1/4 kop olivenolie

2 ounce pancetta, hakket

1 mellemstor løg, finthakket

1 mellemstor gulerod, finthakket

1 medium stilk selleri, hakket

1 fed hvidløg, hakket

3 kopper tørrede eller drænede kogte kikærter på dåse

8 ounce schweizisk kul, skåret på tværs i tynde strimler

1 mellemkogende kartoffel, skrællet og hakket

1 kop skrællede, frøede og hakkede friske eller dåsetomater

Salt og friskkværnet sort peber

1 kop ditalini, tubetti eller anden lille pasta

1. Udblød svampene i vand i 30 minutter. Fjern dem og gem væsken. Skyl svampene under koldt rindende vand for at fjerne eventuelle gryn. Hak dem groft. Si væsken gennem et papirkaffefilter ned i en skål.

2. Hæld olien i en stor gryde. Tilsæt pancetta, løg, gulerod, selleri og hvidløg. Kog, omrør ofte, ved middel varme, indtil løg og andre aromater er gyldenbrune, cirka 10 minutter.

3. Rør kikærter, kartofler, tomater og champignon i væsken. Tilsæt vand, så det lige dækker ingredienserne, og smag til med salt og peber. Bring i kog og kog indtil grøntsagerne er møre og suppen tykner, cirka 1 time. Tilsæt vand, hvis suppen bliver for tyk.

4.Rør pastaen og yderligere 2 dl vand i. Kog, under omrøring ofte, cirka 15 minutter, eller indtil pastaen er mør. Lad afkøle lidt inden servering.

GRØNTSAGSSUPPE

Toscansk brød og grøntsagssuppe

Ribollita

Giver 8 portioner

En sommer i Toscana fik jeg serveret denne suppe overalt, hvor jeg gik, nogle gange to gange om dagen. Jeg kan ikke få nok af det, fordi hver kok bruger sin egen kombination af ingredienser, og det er altid godt. Det er faktisk to opskrifter i én. Den første er en blandet grøntsagssuppe. Dagen efter varmes resterne op og blandes med brød fra dagen før. Genopvarmning giver suppen sit italienske navn, som betyder genkogt. Dette gøres normalt om morgenen, og suppen lader sig hvile til kl. Ribollita serveres normalt varm eller ved stuetemperatur, aldrig kogende.

Sørg for at bruge et godt blødt italiensk brød eller landbrød for at få den rigtige tekstur.

4 hjemmelavede kopper<u>Kyllingebouillon</u>Eller<u>Kød bouillon</u>eller en blanding af halvt købt lager og halvt vand

1/4 kop olivenolie

2 bløde selleristrimler, finthakket

2 mellemstore gulerødder, hakket

2 fed hvidløg, hakket

1 lille rødløg, hakket

1/4 kop hakket frisk fladbladet persille

1 spsk hakket frisk salvie

1 spsk hakket frisk rosmarin

1 1/2 pund flåede, frøede og hakkede friske tomater eller 1 1/2 kop flåede blommetomater på dåse med saft, hakket

3 kopper kogte, tørrede eller dåse cannellini bønner, drænet

2 mellemkogende kartofler, skrællet og skåret i tern

2 mellemstore zucchini, skåret i stykker

1 pund kål eller grønkål, i tynde skiver (ca. 4 kopper)

8 ounce grønne bønner, trimmet og skåret i mundrette stykker

Salt og friskkværnet peber efter smag

Cirka 8 ounces daggammelt italiensk brød, i tynde skiver

ekstra jomfru oliven olie

Meget tynde skiver rødløg (valgfrit)

1. Tilbered lager evt. Hæld derefter olivenolie i en stor gryde. Tilsæt selleri, gulerødder, hvidløg, løg og krydderurter. Kog, omrør ofte, ved middel varme, indtil selleri og andre aromater er bløde og gyldenbrune, cirka 20 minutter. Tilsæt tomaterne og kog i 10 minutter.

2. Rør bønnerne, resten af grøntsagerne, salt og peber i efter smag. Tilsæt bouillon og vand, så det lige dækker. Bring det i kog. Kog forsigtigt, ved meget lav varme, indtil grøntsagerne er møre, cirka 2 timer. Lad den køle lidt af og stil den derefter på køl natten over eller op til 2 dage, hvis den ikke bruges med det samme.

3. Når du er klar til at servere, hæld cirka 4 kopper suppe i en blender eller foodprocessor. Purér suppen og kom den i en gryde sammen med resten af suppen. Opvarm forsigtigt.

4. Vælg en terrine eller pande, der er stor nok til at rumme brødet og suppen. Læg et lag brødskiver på bunden. Hæld nok suppe til at dække brødet helt. Gentag processen indtil al suppen er brugt og brødet er gennemblødt. Lad hvile i mindst 20 minutter. Den skal være meget tyk.

5. Rør suppen for at bryde brødet. Dryp med ekstra jomfru olivenolie og drys med rødløg. Serveres lun eller ved stuetemperatur.

vinter squashsuppe

Zuppa di Zucca

Giver 4 portioner

På fruttivendolo, frugt- og grøntmarkedet, kan italienske kokke købe store græskar og andre vintergræskar til at lave denne lækre suppe. Jeg bruger normalt butternut eller acorn squash. Knust rød peber kaldet pepperoncino tilføjer en uventet smag.

4 hjemmelavede kopper<u>Kyllingebouillon</u>eller en blanding af halvt købt lager og halvt vand

2 pund vintersquash, såsom butternut squash eller agern

1/2 kop olivenolie

2 fed hvidløg, hakket

En knivspids kværnet rød peber

Saltet

1/4 kop hakket frisk fladbladet persille

1. Forbered lager hvis nødvendigt. Pil derefter løget og fjern kernerne. Skær i 1-tommers stykker.

2. Hæld olien i en stor gryde. Tilsæt hvidløg og hakket rød peber. Kog, omrør ofte, ved middel varme, indtil hvidløget er let brunet, cirka 2 minutter. Rør græskar og salt i efter smag.

3. Tilsæt bouillon og bring det i kog. Læg låg på og lad det simre i 35 minutter eller indtil græskarret er meget mørt.

4. Brug skålen til at placere græskarret i en foodprocessor eller blender og puré, indtil det er glat. Kom pureen tilbage i gryden med fonden. Bring suppen i kog og lad den koge i 5 minutter. Tilsæt lidt vand, hvis suppen er for tyk.

5. Salt efter smag. Rør persillen i. Serveres varm.

Suppe "kogt vand"

Acquacotta

Giver 6 portioner

Alt hvad du behøver er nogle grøntsager, æg og brødrester for at lave denne velsmagende toscanske suppe, som italienerne i spøg kalder det "kogt vand" at ringe. Brug alle tilgængelige svampe.

¼ kop olivenolie

2 stilke selleri, skåret i tynde skiver

2 fed hvidløg, hakket

1 pund diverse svampe, såsom knap, shiitake og cremini, trimmet og skåret i skiver

1 pund friske blommetomater, skrællede, frøet og hakkede, eller 2 kopper dåsetomater

En knivspids kværnet rød peber

6 æg

6 skiver italiensk eller fransk brød, ristet

4 til 6 spsk friskrevet pecorinoost

1. Hæld olien i en mellemstor gryde. Tilsæt selleri og hvidløg. Kog, omrør ofte, ved middel varme, indtil de er møre, cirka 5 minutter.

2. Tilsæt svampene og kog under omrøring af og til, indtil svampesaften er fordampet. Tilsæt tomater og finthakket peberfrugt og steg i 20 minutter.

3. Tilsæt 4 kopper vand og salt efter smag. Bring det i kog. Bages i yderligere 20 minutter.

4. Lige inden servering knækker du et af æggene i en kop. Skub forsigtigt ægget ned i den varme suppe. Gentag med de resterende æg. Dæk til og kog over meget lav varme i 3 minutter, eller indtil æggene er kogt efter smag.

5. Læg en skive toast i hver skål. Hæld forsigtigt et æg ovenpå og kom den varme suppe i en ske. Drys med ost og server straks.

Zucchini pesto suppe

Zuppa af zucchini med pesto

Giver 4-6 portioner

Duften af pesto, når den blandes i en varm suppe, er uimodståelig.

2 hjemmelavede kopper<u>Kyllingebouillon</u>eller en blanding af halvt købt lager og halvt vand

3 spiseskefulde olivenolie

2 mellemstore løg, hakket

4 små zucchini (ca. 1 1/4 pund), vasket og hakket

3 mellemkogende kartofler, skrællet og hakket

Salt og friskkværnet sort peber efter smag

1 kop knust spaghetti

Pesto

2 til 3 store fed hvidløg

½ kop frisk basilikum

¼ kop frisk italiensk fladbladet persille

½ kop revet Parmigiano-Reggiano, plus mere til drys

2 til 3 spsk ekstra jomfru olivenolie

Salt og friskkværnet sort peber

1. Tilbered lager evt. Hæld derefter olien i en mellemstor gryde. Tilsæt løgene. Kog, omrør ofte, ved middel varme, indtil løget er blødt og gyldenbrunt, cirka 10 minutter. Tilsæt zucchini og kartofler og kog under omrøring af og til i 10 minutter. Tilsæt hønsefond og 4 dl vand. Bring i kog og kog i 30 minutter. Salt og peber efter smag.

2. Rør pastaen i. Lad det simre i yderligere 15 minutter.

3. Tilbered pestoen: Hak hvidløg, basilikum og persille i en foodprocessor til det er meget fint. Tilsæt osten og dryp gradvist med olivenolien, indtil det danner en tyk pasta. Smag til med salt og peber.

4. Overfør pesto til en medium skål; Brug et piskeris til at piske cirka 1 kop af den varme suppe i pestoen. Rør blandingen i gryden med den resterende suppe. Lad stå i 5 minutter. Smag til og juster krydringen. Server med ekstra ost.

Porre, tomat og brødsuppe

Pomodoro far

Giver 4 portioner

Toscanerne spiser meget suppe og laver meget af det med brød i stedet for pasta eller ris. Det her er en favorit i det tidlige efterår, når der er masser af modne tomater og friske porrer. Den er også god om vinteren, lavet med dåsetomater.

6 hjemmelavede kopper<u>Kyllingebouillon</u>eller en blanding af halvt købt lager og halvt vand

3 spsk olivenolie, plus mere til dryp

2 mellemstore porrer

3 store fed hvidløg

En knivspids kværnet rød peber

2 kopper skrællede, frøet og hakkede friske eller dåsetomater

Saltet

½ brød daggammelt italiensk fuldkornsbrød, skåret i 1-tommers terninger (ca. 4 kopper)

½ kop revet frisk basilikum

ekstra jomfru oliven olie

1. Tilbered lager evt. Skær derefter rødderne og den mørkegrønne del af porren af. Skær porren i halve på langs og skyl godt under koldt rindende vand. Hak godt.

2. Hæld olien i en stor gryde. Tilsæt porrerne og kog, omrør ofte, ved middel varme, indtil de er bløde, cirka 5 minutter. Rør hvidløg og hakket rød peber i.

3. Tilsæt tomater og bouillon og bring det i kog. Kog i 15 minutter, rør af og til. Salt efter smag.

4. Rør brødet i suppen og kog i 20 minutter, mens der røres af og til. Suppen skal være tyk. Tilsæt eventuelt mere brød.

5. Fjern fra varmen. Rør basilikum i og lad stå i 10 minutter. Serveres lun, med et skvæt ekstra jomfru olivenolie.

Zucchini og tomatsuppe

Zucchini og Pomodori suppe

Giver 6 portioner

Selvom små zucchini har den bedste smag, er selv større grøntsager gode i denne suppe, fordi deres vandighed og mangel på smag ikke skiller sig ud blandt alle de andre salte ingredienser.

5 hjemmelavede kopper<u>Kyllingebouillon</u>eller en blanding af halvt købt lager og halvt vand

3 spiseskefulde olivenolie

1 mellemstor løg, finthakket

1 fed hvidløg, hakket

1 tsk hakket frisk rosmarin

1 tsk hakket frisk salvie

1 1/2 kopper flåede, frøede og hakkede tomater

11/2 pund zucchini, hakket

Salt og friskkværnet sort peber

3 kopper daggamle italienske eller franske brødterninger

Friskrevet Parmigiano-Reggiano

1. Tilbered lager evt. Hæld derefter olien i en stor gryde. Tilsæt løg, hvidløg, rosmarin og salvie. Kog over medium varme, omrør ofte, indtil løgene er gyldenbrune, cirka 10 minutter.

2. Tilsæt tomaterne og bland godt. Tilsæt bouillon og bring det i kog. Rør zucchinien i og kog i 30 minutter eller indtil de er møre. Smag til med salt og peber.

3. Rør croutonerne i. Bages til brødet er blødt, cirka 10 minutter. Lad stå i yderligere 10 minutter før servering. Server med revet Parmigiano-Reggiano.

Zucchini og kartoffelsuppe

Minestra di zucchini og kartofler

Giver 4 portioner

Denne suppe er typisk for, hvad du kan spise hjemme i det sydlige Italien om sommeren. Skift det gerne ud, som en italiensk kok ville, udskift zucchinien med andre grøntsager såsom grønne bønner, tomater eller spinat og udskift persillen med basilikum eller mynte.

6 hjemmelavede kopper<u>Kyllingebouillon</u>eller en blanding af halvt købt lager og halvt vand

2 spsk olivenolie

1 mellemstor løg, finthakket

1 pund kogende kartofler (ca. 3 mellemstore), skrællede og hakkede

1 pund zucchini (ca. 4 små), vasket og hakket

Salt og friskkværnet sort peber

2 spsk finthakket fladbladet persille

Friskrevet Parmigiano-Reggiano eller Pecorino Romano

1. Tilbered lager evt. Hæld derefter olien i en mellemstor gryde. Tilsæt løget og steg, under omrøring ofte, ved middel varme, indtil det er blødt og gyldenbrunt, cirka 10 minutter.

2. Rør kartofler og zucchini i. Tilsæt bouillon og salt og peber efter smag. Bring i kog og kog indtil grøntsagerne er møre, cirka 30 minutter.

3. Salt og peber efter smag. Rør persillen i. Server med revet ost.

Cremet fennikelsuppe

Zuppa di Finocchio

Giver 6 portioner

Kartofler og fennikel hænger sammen. Server denne suppe garneret med hakkede fennikelblade og et skvæt ekstra jomfru olivenolie.

6 hjemmelavede kopper<u>Kyllingebouillon</u>eller en blanding af halvt købt lager og halvt vand

2 store porrer, trimmet

3 mellemstore fennikelløg (ca. 21/2 pund)

2 spsk usaltet smør

1 spsk olivenolie

5 kogende kartofler, skrællet og skåret i skiver

Salt og friskkværnet sort peber

ekstra jomfru oliven olie

1. Tilbered lager evt. Skær derefter porren i halve på langs og skyl den godt for at fjerne sandet mellem lagene. Hak groft.

2. Skær fennikelstænglerne flugt med løgene, og behold nogle af de fjedrende grønne blade til pynt. Skær bunden og eventuelle mørke pletter. Skær pærerne i tynde skiver.

3. Smelt smør og olie i en stor gryde ved middel varme. Tilsæt porrerne og kog indtil de er bløde, cirka 10 minutter. Tilsæt fennikel, kartofler, bouillon, salt og peber efter smag. Bring i kog og kog indtil grøntsagerne er meget bløde, cirka 1 time.

4. Brug en hulske til at overføre grøntsagerne til en foodprocessor eller blender. Bearbejd eller bland indtil glat.

5. Kom grøntsagerne tilbage i gryden og varm forsigtigt op. Hæld i suppeskåle, drys med reserveret fennikelgrønt og dryp med olivenolie. Serveres varm.

Svampesuppe og kartoffelsuppe

Minestra di Funghi og kartofler

Giver 6 portioner

Her er endnu en suppe fra Friuli Venezia Giulia, et område kendt for sine fremragende svampe. Det er meningen at den skal bruge frisk svinekød, men fordi det er svært at finde, bruger jeg i stedet en blanding af vilde og dyrkede svampe. Kartofler og byg tilsættes som fortykningsmidler.

8 hjemmelavede kopper<u>Kød bouillon</u>eller en blanding af halvt købt lager og halvt vand

2 spsk olivenolie

2 ounce skive pancetta, skåret i tynde skiver

1 mellemstor løg, finthakket

2 stilke selleri, finthakket

1 pund af forskellige svampe, såsom hvid, cremini og portabello

4 spsk hakket frisk fladbladet persille

2 fed hvidløg, hakket

3 mellemkogende kartofler, skrællet og hakket

Salt og friskkværnet sort peber

1/2 kop perlebyg

1. Tilbered lager evt. Hæld olien i en stor gryde. Tilsæt pancettaen. Kog, omrør ofte, ved middel varme, indtil de er gyldenbrune, cirka 10 minutter. Tilsæt løg og selleri og kog under omrøring af og til, indtil det er blødt, cirka 5 minutter.

2. Tilsæt svampe, 2 spsk persille og hvidløg. Kog, omrør ofte, indtil svampesaften fordamper, cirka 10 minutter.

3. Tilsæt kartoflerne, salt og peber. Tilsæt bouillon og bring det i kog. Tilsæt byggen og kog uden låg ved svag varme i 1 time eller indtil byggen er mør og suppen er tyknet.

4. Drys med resten af persillen og server lun.

Cremet blomkålssuppe

Vellutata fra Cavolfiore

Giver 6 portioner

En elegant suppe til at servere i starten af en særlig middag. Hvis du har trøffelolie eller puré, så prøv at tilføje noget til suppen lige før servering og spring osten over.

1 medium blomkål, trimmet og skåret i 1-tommer blomkål

Saltet

3 spsk usaltet smør

1/4 kop universalmel

Cirka 2 kopper mælk

Friskrevet muskatnød

1/2 kop flødeskum

1/4 kop friskrevet Parmigiano-Reggiano

1. Bring en stor gryde vand i kog. Tilsæt blomkål og salt efter smag. Kog indtil blomkålen er meget blød, cirka 10 minutter. Dræn godt af.

2. Smelt smørret i en medium gryde ved middel varme. Tilsæt melet og rør godt i 2 minutter. Rør meget langsomt 2 kopper mælk og salt i efter smag. Bring det i kog og kog i 1 minut under konstant omrøring, indtil det er tykt og glat. Fjern fra varmen. Rør muskatnød og fløde i.

3. Kom blomkålen i en foodprocessor eller blender. Puré, tilsæt eventuelt lidt sauce for at jævne pureen. Tilsæt puréen i gryden med den resterende sauce. Bland godt. Varm forsigtigt op og tilsæt eventuelt mere mælk for at lave en tyk suppe.

4. Fjern fra varmen. Smag til og juster krydringen. Rør osten i og server.

Siciliansk tomat- og bygsuppe

Minestra d'Orzo alla Siciliana

Giver 4-6 portioner

I stedet for at rive ost serverer sicilianerne ofte suppe med ost skåret i små stykker. Det smelter aldrig helt ind i suppen, og du kan smage noget af osten med hver bid.

8 hjemmelavede kopperKyllingebouillonEllerKød bouilloneller en blanding af halvt købt lager og halvt vand

8 ounce perlebyg, taget ud og skyllet

2 mellemstore tomater, skrællede, frøet og hakkede, eller 1 kop dåsetomater

1 stilk selleri, finthakket

1 mellemstor løg, finthakket

Salt og friskkværnet sort peber

1 kop Pecorino Romano, i tern

1. Tilbered lager evt. Kom bouillon, byg og grøntsager i en stor gryde og bring det i kog. Kog til byggen er mør, cirka 1 time. Tilsæt vand, hvis suppen bliver for tyk.

2. Smag til med salt og peber. Fordel suppen i skåle og fordel osten over dem.

Rød peber suppe

Zuppa af Peperoni Rossi

Giver 6 portioner

Den livlige rød-orange farve af denne suppe er en attraktiv og passende indikation af dens forfriskende og lækre smag. Den var inspireret af en suppe, jeg smagte på Il Cibreo, en populær firkantet restaurant i Firenze. Jeg serverer den gerne med varm focaccia.

6 hjemmelavede kopper<u>Kyllingebouillon</u>eller en blanding af halvt købt lager og halvt vand

2 spsk olivenolie

1 mellemstor løg, hakket

1 stilk selleri, finthakket

1 gulerod, hakket

5 store røde peberfrugter, udkernede og hakkede

5 mellemkogende kartofler, skrællet og hakket

2 tomater, udsået og hakket

Salt og friskkværnet sort peber

1 kop mælk

Friskrevet Parmigiano-Reggiano

1. Tilbered lager evt. Hæld derefter olien i en stor gryde. Tilsæt løg, selleri og gulerod. Kog, omrør ofte, ved middel varme, indtil grøntsagerne er bløde og gyldenbrune, cirka 10 minutter.

2. Tilsæt peberfrugt, kartofler og tomater og bland godt. Tilsæt bouillon og bring det i kog. Reducer varmen og kog i 30 minutter, eller indtil grøntsagerne er meget bløde.

3. Brug en hulske til at overføre grøntsagerne til en foodprocessor eller blender. Purér indtil glat.

4. Hæld grøntsagsmosen i gryden. Varm suppen forsigtigt op og rør mælken i. Lad ikke suppen koge. Salt og peber efter smag. Serveres lun, drysset med ost.

Fontina, brød og kålsuppe

Zuppa alla Valpelline

Giver 6 portioner

Et af mine bedste minder fra Valle d'Aosta er den duftende fontina-ost og velsmagende fuldkornsbrød fra regionen. Osten er lavet af komælk og modnet i bjerghuler. For at sikre, at du får ægte fontina, skal du kigge efter en ost med en naturlig svær og en silhuet af et bjerg sunket ned i toppen. Brug godt blødt brød til denne fyldige suppe. Krøllet savojkål har en mildere smag end den glatbladede variant.

8 hjemmelavede kopper<u>**Kød bouillon**</u>eller en blanding af halvt købt oksefond og halvt vand

2 spsk usaltet smør

1 lille savojkål, finthakket

Saltet

1/4 tsk friskkværnet muskatnød

¼ tsk stødt kanel

Friskkværnet sort peber

12 oz Fontina Valle d'Aosta

12 skiver sprøde kernefri rug, pumpernickel eller fuldkornsbrød, ristet

1. Tilbered lager evt. Smelt derefter smørret i en stor gryde. Tilsæt kål og salt efter smag. Dæk til og kog ved svag varme i 30 minutter, under omrøring af og til, indtil kålen er mør.

2. Forvarm ovnen til 350 ° F. Anbring bouillon, muskatnød, kanel, salt og peber i en stor gryde og bring det i kog over medium varme.

3. Læg 4 skiver brød i bunden af en 3 liter dyb ovnfast gryde eller kraftig gryde eller bageform. Top med halvdelen af kålen og en tredjedel af osten. Gentag med endnu et lag brød, kål og ost. Pynt med det resterende brød. Hæld forsigtigt den varme bouillon i. Riv den reserverede ost i stykker og fordel den over suppen.

4. Bages indtil gyldenbrune og boblende, cirka 45 minutter. Lad stå 5 minutter før servering.

Cremet svampesuppe

Zuppa fra Funghi

Giver 8 portioner

Thanksgiving er ikke en højtid i Italien, men jeg serverer ofte denne cremede suppe med friske og tørrede norditalienske svampe som en del af min feriemenu.

8 hjemmelavede kopper<u>Kød bouillon</u>eller en blanding af halvt købt oksefond og halvt vand

1 ounce tørrede svampe

2 kopper varmt vand

2 spsk usaltet smør

1 mellemstor løg, finthakket

1 fed hvidløg, hakket

1 pund hvide svampe, skåret i tynde skiver

1/2 kop tør hvidvin

1 spsk tomatpuré

1/2 kop flødeskum

Hakket frisk fladbladet persille, til pynt

Salt og friskkværnet sort peber

1. Tilbered lager evt. Læg derefter svampene i vand og lad dem trække i 30 minutter. Fjern svampene fra skålen og gem væsken. Skyl svampene under koldt rindende vand for at fjerne grus, og vær særlig opmærksom på spidserne af stænglerne, hvor jorden samler sig. Hak svampene groft. Si væsken fra svampene gennem et papirkaffefilter ned i en skål.

2. Smelt smørret i en stor gryde ved middel varme. Tilsæt løg og hvidløg og steg i 5 minutter. Rør alle svampene i og kog under omrøring af og til, indtil svampene er let brunede, cirka 10 minutter. Salt og peber efter smag.

3. Tilsæt vinen og bring det i kog. Rør bouillon, svampevæske og tomatpuré i. Reducer varmen og lad det simre i 30 minutter.

4. Rør cremen i. Drys med persille og server med det samme.

Grøntsagssuppe med pesto

Minestrone med pesto

Giver 6-8 portioner

I Ligurien tilsættes et skvæt duftende pestosauce til skåle med minestrone. Det er ikke nødvendigt, men det forstærker virkelig suppens smag.

1/4 kop olivenolie

1 mellemstor løg, hakket

2 gulerødder, i stykker

2 stilke selleri, finthakket

4 modne tomater, pillede, frøet og hakket

1 pund chard eller spinat, hakket

3 mellemkogende kartofler, skrællet og hakket

3 små zucchini, hakket

8 ounce grønne bønner, skåret i 1/2-tommers stykker

8 ounce hakkede friske cannellini- eller borlottibønner eller 2 kopper drænede, kogte, tørrede eller dåsebønner

Salt og friskkværnet sort peber

1 opskrift<u>Pesto</u>

4 ounce små pastaformer som tubetti eller albuer

1.Hæld olien i en stor gryde. Tilsæt løg, gulerødder og selleri. Kog, omrør ofte, ved middel varme, indtil grøntsagerne er bløde og gyldenbrune, cirka 10 minutter.

2.Rør tomater, kartofler, zucchini og bønner i. Tilsæt nok vand til lige at dække grøntsagerne. Salt og peber efter smag. Kog under omrøring af og til, indtil suppen er tyk og grøntsagerne møre, cirka 1 time. Tilsæt lidt vand, hvis den bliver for tyk.

3.Tilbered imens pestoen evt. Når suppen er tyknet tilsættes pastaen. Kog under omrøring, indtil pastaen er mør, cirka 10 minutter. Lad afkøle lidt. Server varm, server med en skål pesto til at tage på bordet, eller hæld suppen i skåle og læg en skefuld pesto i midten af hver skål.

Pavia æggesuppe

Zuppa alla Pavese

Giver 4 portioner

Spejlæg i bouillon er et hurtigt og lækkert måltid. Suppen er klar til servering, når æggehviden lige har sat sig og blommen stadig er blød.

2 liters hus<u>Kød bouillon</u>eller en blanding af halvt købt lager og halvt vand

4 skiver let ristet landbrød

4 store æg, ved stuetemperatur

4 til 6 spiseskefulde friskrevet Parmigiano-Reggiano

Salt og friskkværnet sort peber

1. Tilbered lager evt. Hvis den ikke er friskløvet, varmes fonden op, indtil den simrer. Smag til med salt og peber.

2. Forbered 4 opvarmede suppeskåle. Læg en skive toast i hver skål, og knæk derefter et æg på hver skive brød.

3. Hæld den varme bouillon over æggene, så de er dækket af et par centimeter. Drys med ost. Lad stå til æggehviderne er kogte efter smag. Serveres varm.

Romaine æggesuppe

Straciatelle

Giver 4 portioner

Straciatelle*betyder "små klude", en henvisning til udseendet af æg i suppe. For at forstærke smagen af bouillonen kan du tilføje lidt citronsaft eller stødt muskatnød.*

8 hjemmelavede kopper<u>Kyllingebouillon</u>eller en blanding af halvt købt lager og halvt vand

3 store æg

¼ kop friskrevet Parmigiano-Reggiano

Salt og friskkværnet sort peber

1 spsk meget finthakket frisk fladbladet persille

1. Tilbered lager evt. Hvis den ikke er frisklavet, varmes fonden op, indtil den simrer.

2. I en lille skål piskes æg, ost, salt og peber sammen. Hæld langsomt blandingen i bouillonen, under konstant

omrøring med en gaffel, indtil æggene er stivnet og danner bånd. Rør persillen i og server med det samme.

Pandekager med æg i bouillon

Scrippell' mbusse

Giver 6 portioner

Skribleer *den abruzzesiske dialekt for crespelle eller pandekager. Det er de samme pandekager toppet med ost, svampe og tomatsauce*Crepe Abruzzaise og Champignon Timbale*Opskrift. Her fyldes de med revet ost og serveres i bouillon.*

8 hjemmelavede kopper<u>Kyllingebouillon</u>eller en blanding af halvt købt lager og halvt vand

12<u>pandekager</u>

½ kop friskrevet Parmigiano-Reggiano

2 spsk finthakket frisk italiensk fladbladet persille

1. Tilbered lager evt. Forbered derefter pandekagerne evt. Drys hver pandekage med lidt ost og persille. Rul pandekagerne til et rør. Forbered 6 opvarmede suppeskåle. Placer 2 rør i hver skål.

2. Hvis den ikke er varm, varmes bouillonen op, indtil den koger. Hæld den varme bouillon over pandekagerørene og server med det samme.

Boghvedetærter i bouillon

Frittatine di Semola i Brodo

Giver 6 portioner

Under en formel middag på en fancy italiensk restaurant i New York kom jeg til at tale med min ven Tony Mazzola om den mad, vi spiste som børn. Tony fortalte mig om den simple suppe, som hans mor, Lydia, der kom fra Sicilien, plejede at lave. Da vi spiste vores perlehøns og risotto toppet med sjældne og dyre hvide trøfler ledsaget af lækre vine, beskrev han for os denne trøstende suppe af velsmagende små fritter af semulje og ost i hønsefond. Hans mor serverede det kun til jul og nytår, fordi hun sagde, at dets enkelhed fik dig til at føle dig godt tilpas efter al den rige mad, der blev spist i løbet af ferien. Et par dage senere var det gode måltid næsten glemt, men jeg så frem til at prøve Tonys suppe.

Bemærk at panden pensles meget let med olivenolie inden donutsene steges. Der er ingen grund til at bruge mere. Donuts bliver brune og holder deres form bedre med mindre olie.

6 hjemmelavede kopper **Kyllingebouillon** eller en blanding af halvt købt lager og halvt vand

2 1/2 dl vand

1 tsk salt

1 kop fintmalet semulje

1 stort æg, pisket

1 kop friskrevet Parmigiano-Reggiano

2 spsk hakket frisk fladbladet persille

Friskkværnet sort peber

Olivenolie

1. Tilbered lager evt. Bring derefter vandet i kog i en medium gryde ved middel varme. Pisk semulje og salt. Reducer varmen til lav og kog under omrøring, indtil semulje tykner, cirka 2 minutter.

2. Tag gryden af varmen. Rør æg, ost, persille og peber i efter smag.

3. Beklæd en skål med plastfolie. Skrab semuljeblandingen oven på plastikken og fordel den til en tykkelse på 1/2 tomme. Lad afkøle til stuetemperatur, mindst 30 minutter. Brug med det samme eller dæk til med plastfolie og opbevar i køleskabet i op til 24 timer.

4. Lige inden suppen serveres skæres risblandingen i passende stykker. Pensl en stor nonstick-pande med olivenolie og varm gryden op over medium varme. Tilføj nok semuljestykker til at passe godt ind i en rodet ble. Kog indtil gyldenbrun, omkring 4 til 5 minutter. Vend stykkerne og brun den anden side, cirka 4 til 5 minutter mere. Læg stykkerne på en tallerken. Dæk med folie og hold varmt. Steg resten af plantainen på samme måde.

5. Bring i mellemtiden i kog. Fordel plantainkagerne i 4 skåle. Hæld fonden over. Server straks.

Brødnudler i bouillon

Passatelli i Brodo

Giver 6 portioner

Passatelli*er nudellignende dejtråde lavet af tørre brødkrummer og revet ost bundet med sammenpisket æg. Dejen ledes gennem en anordning svarende til en kartoffelmoser eller madmølle direkte i den simrende bouillon. Nogle kokke tilføjer lidt friskrevet citronskal til dejen. Passatelli i bouillon var engang en traditionel søndagsret i Emilia-Romagna, derefter stegt.*

8 hjemmelavede kopper<u>Kød bouillon</u>Eller<u>Kyllingebouillon</u>eller en blanding af halvt købt lager og halvt vand

3 store æg

1 kop friskrevet Parmigiano-Reggiano ost, plus mere til servering

2 spsk meget finthakket frisk fladbladet persille

1/4 tsk revet muskatnød

Cirka 3/4 kop almindelige tørre brødkrummer

1. Tilbered lager evt. Pisk derefter æggene i en stor skål, indtil de er godt blandet. Rør ost, persille og muskatnød i, indtil det er glat. Tilsæt nok brødkrummer til at danne en jævn, tyk dej.

2. Hvis den ikke er frisklavet, så bring den i kog i en stor gryde. Smag fonden til og krydr evt.

3. Læg en grøntsagskværn med en grov kniv, en kartoffelmoser eller en sigte med store huller over panden. Pres osteblandingen gennem grøntsagsmøllen eller sigten ned i den simrende bouillon. Kog ved svag varme i 2 minutter. Fjern fra varmen og lad stå i 2 minutter før servering. Serveres lun med ekstra ost.

Tyrolerruller

Canederli

Giver 4 portioner

Kokke i det nordlige Italien, nær den østrigske grænse, laver rundstykker, der er meget forskellige fra passatelli-rullerne lavet i Emilia-Romagna. Ligesom den østrigske knödel laves canederli med fuldkornshvede eller rugbrød, smagt til med salami (sur pølse lavet af groft malet svinekød) eller mortadella (en delikat pølse lavet af meget fint malet svinekød krydret med muskatnød og ofte hele pistacienødder). De simres i væske og serveres derefter på lager, selvom de også er velsmagende med tomatsauce eller smørsauce.

8 hjemmelavede kopper<u>Kød bouillon</u>Eller<u>Kyllingebouillon</u>eller en blanding af halvt købt lager og halvt vand

4 kopper daggammelt kernefrit rugbrød eller fuldkornsbrød

1 kop mælk

2 spsk usaltet smør

1/2 kop hakket løg

3 ounce salami, bologna eller røget skinke, meget fint hakket

2 store æg, pisket

2 spsk hakket frisk purløg eller frisk fladbladet persille

Salt og friskkværnet sort peber

Cirka 1 kop universalmel

1/2 kop friskrevet Parmigiano-Reggiano

1. Tilbered lager evt. Læg derefter brødet i blød i mælk i en stor skål i 30 minutter, mens der røres af og til. Brødet skal begynde at smuldre.

2. Smelt smørret i en lille gryde ved middel varme. Tilsæt løget og steg, omrør ofte, indtil det er gyldent brunt, cirka 10 minutter.

3. Skrab grydens indhold over brødet. Tilsæt kød, æg, purløg eller persille, salt og peber efter smag. Rør gradvist nok mel i, så blandingen holder formen. Lad stå i 10 minutter.

4. Fugt dine hænder med koldt vand. Tag omkring 1/4 kop af blandingen ud og form den til en kugle. Rul kuglen ud af melet. Læg dumplingen på et stykke vokspapir. Gentag med resten af blandingen.

5. Bring en stor gryde vand i kog. Skru ned for varmen, så vandet koger. Tilsæt forsigtigt halvdelen af frikadellerne, eller lige nok til at undgå at trænge panden. Kog i 10 til 15 minutter, eller indtil frikadellerne er gennemstegte. Læg frikadellerne på en tallerken med en skål. Tilbered de resterende frikadeller på samme måde.

6. Når du er klar til at servere suppen, varmes fonden op, indtil den koger. Tilsæt frikadellerne og steg forsigtigt i 5 minutter eller indtil de er færdige. Server frikadeller i bouillon med revet ost.

Grønne bønner og pølsesuppe

Zuppa af Fagiolini

Giver 4 portioner

En sommer, da jeg var lille, besøgte jeg en vidunderlig tante, som havde et smukt gammelt victoriansk hjem ved kysten af Long Island, New York. Hver dag tilberedte hun en omfattende frokost og middag til sin mand, som så ud til at forvente ikke mindre end tre retter. Dette var en af de supper hun lavede.

Jeg bruger mellemkornede ris til denne suppe - den slags jeg bruger til risotto - for det er det, jeg plejer at have ved hånden, men langkornede ris ville også fungere.

2 spsk olivenolie

1 mellemstor løg, hakket

1 rød eller gul peberfrugt, skåret i stykker

3 italienske svinepølser

2 store tomater, skrællede, frøet og hakkede, eller 1 kop dåsetomater, hakket

8 ounce grønne bønner, trimmet og skåret i mundrette stykker

En knivspids kværnet rød peber

Saltet

3 kopper vand

1/4 kop mellemkornet ris, såsom Arborio

1. Hæld olien i en mellemstor gryde. Tilsæt løg, peberfrugt og pølse og kog under omrøring af og til, indtil grøntsagerne er møre og pølsen er let brunet, cirka 10 minutter.

2. Tilsæt tomater, grønne bønner, stødt rød peber og salt efter smag. Tilsæt 3 kopper koldt vand og bring det i kog. Reducer varmen og kog i 15 minutter.

3. Læg pølserne på en tallerken. Skær pølserne i tynde skiver og kom dem tilbage i gryden.

4. Rør risene i og kog indtil risene er møre, 15 til 20 minutter mere. Serveres varm.

Scarolesuppe og små frikadeller

Zuppa af Scarola og Polpettini

Giver 6-8 portioner

Dette var min yndlingssuppe, da jeg voksede op, selvom vi kun spiste den ved helligdage og særlige lejligheder. Jeg kan stadig ikke modstå og gør det ofte.

4 liters hus<u>Kyllingebouillon</u>eller en blanding af halvt købt lager og halvt vand

1 medium kop escarole (ca. 1 pund)

3 store gulerødder, skåret i stykker

frikadeller

1 pund kalvekød eller oksekød

2 store æg, pisket

½ kop meget finthakket løg

1 kop almindeligt brødkrummer

1 kop friskrevet Pecorino Romano ost, plus mere til servering

1 tsk salt

Friskkværnet sort peber efter smag

1. Tilbered lager evt. Skær derefter escarole og kassér de knuste blade. Skær enderne af stilkene. Adskil bladene og vask dem godt med koldt vand, især i midten af bladene, hvor der samler sig jord. Stabel bladene og skær dem på kryds og tværs i 1-tommers strimler.

2. Kombiner bouillon, escarole og gulerødder i en stor gryde. Bring i kog og kog i 30 minutter.

3. I mellemtiden laver du frikadellerne: Bland alle frikadellerne sammen i en stor skål. Brug dine hænder (eller en lille scoop), form blandingen til små kugler, på størrelse med små druer, og læg dem på en tallerken eller et fad.

4. Når grøntsagerne er klar, falder du forsigtigt frikadellerne ned i suppen en ad gangen. Kog ved svag varme til frikadellerne er gennemstegte, cirka 20 minutter. Smag til

og juster krydringen. Serveres lun, drysset med revet Pecorino Romano.

Suppe "gommen"

Minestra Maritata

Giver 10-12 portioner

Mange mennesker antager, at denne napolitanske suppe har fået sit navn, fordi den blev serveret ved bryllupsfester, men faktisk refererer 'gift' til den. til kombinationen af smag af alle slags kød og grøntsager, der er hovedingredienserne. Dette er en meget gammel opskrift - en gang en ret, som folk spiste hver dag, og tilføjede alt kød og grøntsager, de kunne finde. I dag virker det lidt gammeldags, selvom jeg ikke kunne tænke mig et mere tilfredsstillende måltid på en kold dag.

I stedet for grøntsagerne nedenfor kan du bruge manold, cikorie, grønkål eller spidskål. Prøv Genova eller en anden italiensk salami i stedet for soppressata, eller et skinkeben til prosciuttobenet. For den bedste smag, tilbered suppen dagen før servering.

1 pund kødfulde svineribben (landlig svineribs)

1 skinkeben (valgfrit)

2 mellemstore gulerødder, skåret

2 stilke selleri med blade

1 mellemstor løg

1 pund italiensk svinepølse

1 tyk skive importeret italiensk prosciutto (ca. 4 ounces)

1 4-ounce stykke soppressata

En knivspids kværnet rød peber

1½ pund (1 lille hoved) escarole, trimmet

1 pund (1 medium bundt) broccoli rabe, trimmet

1 pund (ca. et halvt lille hoved) savoykål, skåret i strimler

8 ounce broccoli, skåret i buketter (ca. 2 kopper)

Friskrevet Parmigiano-Reggiano

1. Varm 5 liter vand i en stor gryde. Tilsæt svinekoteletter, prosciutto-ben, hvis du bruger, gulerødder, selleri og løg. Reducer varmen og kog over medium varme i 30 minutter.

2.Skær skummet, der stiger til overfladen. Tilsæt pølse, prosciutto, soppressata og hakket rød peber. Kog indtil koteletterne er møre, cirka 2 timer.

3.I mellemtiden skal du vaske og skære alle grøntsager. Bring en stor gryde vand i kog. Tilsæt halvdelen af de grønne grøntsager. Bring i kog og kog i 10 minutter. Brug en ske til at overføre grøntsagerne til en sigte over en stor skål. Kog resten af de grønne grøntsager på samme måde. Dræn godt af og lad afkøle. Når de er afkølet, skæres grøntsagerne i mundrette stykker.

4.Efter 2 timers kogning fjernes kødet og pølserne fra bouillonen. Kassér benene og skær kød og pølse i passende stykker.

5.Lad bouillonen køle lidt af. Affita lavede mad. Si fonden gennem en finmasket sigte ned i en stor, ren gryde. Kom kødet tilbage i fonden. Tilsæt grøntsagerne. Bring i kog igen og kog i 30 minutter.

6.Serveres lun, drysset med revet Parmigiano-Reggiano.

Toscansk fiskesuppe

Cacciucco

Giver 6 portioner

Jo flere typer fisk du tilføjer til panden til denne toscanske specialitet, jo mere smagfuld bliver suppen.

1/4 kop olivenolie

1 mellemstor løg

1 stilk selleri, finthakket

1 gulerod, hakket

1 fed hvidløg, hakket

2 spsk hakket frisk fladbladet persille

En knivspids kværnet rød peber

1 laurbærblad

1 levende hummer (1 til 2 pund)

2 hele fisk (ca. 1 1/2 pund hver), såsom tunge, stribet bas, snapper eller havbars, renset og hakket (fjern og reserver hovederne)

1/2 kop tør hvidvin

1 pund tomater, skrællet, frøet og hakket

1 pund calamari (calamari), renset og skåret i 1-tommer runder

Skiver italiensk brød, ristet

1. Hæld olien i en stor gryde. Tilsæt løg, selleri, gulerod, hvidløg, persille, peber og laurbærblad. Kog over medium varme, omrør ofte, indtil grøntsagerne er møre og gyldenbrune, cirka 10 minutter.

2. Læg hummeren med den hule side opad på et skærebræt. Fjern ikke båndene, der holder kløerne lukket. Dæk din hånd med et tykt håndklæde eller låg, og hold hummeren over halen. Stik spidsen af en tung kokkekniv ind i kroppen, hvor halen møder brystet. Brug fjerkræsaks til at fjerne den tynde skal, der dækker kødet, fra halen. Fjern den mørke halevene, men lad den grønne tomalle og enhver rød koral

stå. Læg halen til side. Skær hummerkroppen og kløerne ved leddene i 1-2 tommer stykker. Slå kløerne med den stumpe side af kniven for at brække dem af.

3. Tilføj hummerbrysthulen og reserverede fiskehoveder og afskær til gryden. Bages i 10 minutter. Tilsæt vinen og lad det simre i 2 minutter. Rør tomaterne og 4 kopper vand i. Bring i kog og kog i 30 minutter.

4. Fjern hummerskallen, fiskehovederne og laurbærbladet fra panden ved hjælp af hullerne i en ske og kassér. Kør resten af ingredienserne gennem en grøntsagskværn i en stor skål.

5. Skyl gryden og hæld suppen heri. Varm væsken op til kog. Tilføj skaldyr, der kræver mest tilberedning, såsom calamari. Bag dem næsten bløde, cirka 20 minutter. Rør hummerhaler og klør og fiskestykker i. Kog indtil hummer og fisk er uigennemsigtige indeni, cirka 10 minutter mere.

6. Læg ristede brødskiver i hver suppeskål. Hæld suppen over brødet og server lunt.

Kraftig fiskesuppe

Ciuppin

Giver 6 portioner

Du kan bruge én type fisk eller flere typer i denne suppe. For mere hvidløgsmag, gnid skiver af toast med et fed rå hvidløg, før du tilføjer dem til suppen. Sømænd fra Genova bragte denne klassiske suppe til San Francisco, hvor mange af dem slog sig ned. San franciskanere kalder deres version cioppino.

2½ pund af en række hvide fiskefileter, såsom helleflynder, havaborre eller mahi mahi

¼ kop olivenolie

1 mellemstor gulerod, finthakket

1 blød selleristængel, finthakket

1 mellemstor løg, hakket

2 fed hvidløg, hakket

1 kop tør hvidvin

1 kop skrællede, frøede og hakkede friske eller dåsetomater

Salt og friskkværnet sort peber

2 spsk hakket frisk fladbladet persille

6 skiver italiensk eller fransk brød, ristet

1. Skyl og tør fiskestykkerne. Skær fisken i 2-tommer stykker og kassér knoglerne.

2. Hæld olien i en stor gryde. Tilsæt gulerod, selleri, løg og hvidløg. Kog, omrør ofte, ved middel varme, indtil de er møre og gyldenbrune, cirka 10 minutter. Tilsæt fisk og kog under omrøring af og til i yderligere 10 minutter.

3. Tilsæt vinen og bring det i kog. Tilsæt tomater, salt og peber efter smag. Tilsæt koldt vand til dækning. Bring i kog og kog i 20 minutter.

4. Rør persillen i. Læg en skive toast i hver suppeskål. Hæld suppen over brødet og server lunt.

Fisk og skaldyr, pasta og bønnesuppe

Pasta og Fagioli med Frutti di Mare

Giver 4-6 portioner

Supper, der kombinerer pasta og bønner med fisk og skaldyr, er populære i hele det sydlige Italien. Dette er min version af den, jeg smagte på Alberto Ciarla, en berømt fiskerestaurant i Rom.

1 pund små muslinger

1 pund små muslinger

2 spsk olivenolie

2 ounce pancetta, fint hakket

1 mellemstor løg, finthakket

2 fed hvidløg, hakket

3 kopper kogte, tørrede eller dåse cannellini bønner, drænet

1 kop hakkede tomater

1/2 pund calamari (blæksprutte), skåret i 1-tommer runder

Salt og friskkværnet sort peber

8 ounce spaghetti, opdelt i 1-tommers stykker

2 spsk hakket frisk fladbladet persille

ekstra jomfru oliven olie

1. Læg muslingerne i koldt vand, tildækket, i 30 minutter. Skrub dem med en stiv børste og skrab eventuelle grater eller alger af. Fjern piggene ved at trække dem mod den smalle ende af skallerne. Kassér muslinger med revnede skaller eller muslinger, der ikke lukker ordentligt, når du banker på dem. Læg muslingerne i en stor gryde med 1/2 kop koldt vand. Dæk gryden til og bring det i kog. Kog indtil muslingerne åbner sig, cirka 5 minutter. Læg muslingerne i en skål med en hulske.

2. Læg muslingerne i gryden og dæk gryden. Kog indtil muslingerne åbner sig, cirka 5 minutter. Fjern muslingerne fra gryden. Si væsken i gryden gennem et papirkaffefilter ned i en skål og stil til side.

3. Fjern muslinger og muslinger fra deres skaller med fingrene og læg dem i en skål.

4. Hæld olien i en stor gryde. Tilsæt pancetta, løg og hvidløg. Kog, omrør ofte, ved middel varme, indtil de er møre og gyldenbrune, cirka 10 minutter.

5. Tilsæt bønner, tomater og calamari. Tilsæt den reserverede saft fra skaldyrene. Bring i kog og kog i 20 minutter.

6. Rør fisk og skaldyr i, og kog indtil de netop er gennemstegte, cirka 5 minutter.

7. Bring i mellemtiden en stor gryde vand i kog. Tilsæt pasta og salt efter smag. Kog indtil de er bløde. Dræn pastaen og tilsæt den til suppen. Tilsæt lidt pastavand, hvis suppen virker for tyk.

8. Rør persillen i. Serveres varm, overhældt med ekstra jomfru olivenolie.

Muslinger og muslinger i tomatbouillon

Zuppa di Cozze

Giver 4 portioner

Du kan gøre dette med alle muslingerne eller alle muslingerne, hvis du foretrækker det.

2 pund muslinger

1/ kop olivenolie

4 fed hvidløg, meget fint hakket

2 spsk hakket frisk fladbladet persille

En knivspids kværnet rød peber.

1 kop tør hvidvin

3 pund modne tomater, skrællede, frøet og hakkede eller 2 dåser (28-35 ounce) importerede italienske tomater, skrællede, hakkede

Saltet

2 pund små muslinger

8 skiver italiensk eller fransk brød, ristet

1 helt fed hvidløg

1. Læg muslingerne i koldt vand, tildækket, i 30 minutter. Skrub dem med en stiv børste og skrab eventuelle grater eller alger af. Fjern piggene ved at trække dem mod den smalle ende af skallerne. Kassér muslinger med revnede skaller eller muslinger, der ikke lukker ordentligt, når du banker på dem.

2. Varm olien op i en stor gryde ved middel varme. Tilsæt hakket hvidløg, persille og hakket peberfrugt og steg ved svag varme, indtil hvidløget er gyldenbrunt, cirka 2 minutter. Rør vinen i og bring det i kog. Tilsæt tomaterne og en knivspids salt. Kog over medium varme, under omrøring lejlighedsvis, indtil blandingen tykner lidt, cirka 20 minutter.

3. Rør forsigtigt muslingerne og muslingerne i. Luk krukken. Kog i 5 til 10 minutter, indtil muslingerne og muslingerne åbner sig. Smid alt, der ikke vil åbne sig.

4. Gnid det ristede brød med det finthakkede fed hvidløg. Læg et stykke brød i hver suppeskål. Pynt med muslingerne og muslingerne og deres væske. Serveres varm.

til brug sammen med andre fødevarer.

<u>TOMATSOVS</u>

marinara sauce

salsa marinara

Giver 2 1/2 kop

Hvidløg giver denne hurtig-tilberedte sauce fra det sydlige Italien sin karakteristiske smag. Napolitanerne knuser nelliker let med siden af en stor kniv. Dette gør det nemmere at fjerne skrællen og åbne nelliker for at frigive smagen. Fjern hele fed hvidløg inden servering.

Jeg tilføjer basilikum i slutningen af kogetiden for den friskeste smag. Tørret basilikum er en dårlig erstatning for frisk, men du kan erstatte den med frisk persille eller mynte. Denne sauce er ideel til spaghetti eller anden tør pasta.

1/4 kop olivenolie

2 store fed hvidløg, knust

En knivspids kværnet rød peber

3 lbs friske blommetomater, skrællede, frøet og hakkede, eller 1 (28 oz) importerede flåede blommetomater med deres juice, anbragt i en foodprocessor

Salt efter smag

4 friske basilikumblade, revet i stykker

1. Hæld olien i en mellemstor gryde. Tilsæt hvidløg og rød peber. Kog over medium varme, vend hvidløgene en eller to gange, indtil de er gyldenbrune, cirka 5 minutter. Fjern hvidløget fra panden.

2. Tilsæt tomater og salt efter smag. Kog i 20 minutter, under omrøring af og til, eller indtil saucen er tyknet.

3. Sluk for varmen og rør basilikum i. Serveres varm. Kan laves i forvejen og opbevares i lufttæt beholder i køleskabet i op til 5 dage eller i fryseren i op til 2 måneder.

frisk ketchup

Let salsa

Giver 3 kopper

Denne sauce er usædvanlig, fordi den ikke starter med de sædvanlige løg eller hvidløg kogt i olivenolie eller smør. I stedet simrer man aromaterne sammen med tomaterne, så saucen får en delikat grøntsagssmag. Server den med enhver frisk pasta eller som en sauce til en frittata eller anden omelet.

4 pund modne blommetomater, skrællet, frøet og hakket

1 mellemstor gulerod, hakket

1 mellemstor løg, hakket

1 lille stilk selleri, finthakket

Salt efter smag

6 friske basilikumblade, revet i små stykker

¼ kop ekstra jomfru olivenolie

1. Bland tomater, gulerødder, løg, selleri, en knivspids salt og basilikum i en stor tykbundet gryde. Dæk gryden til og kog over medium varme, indtil blandingen koger. Tag låget af og kog under omrøring af og til i 20 minutter eller indtil saucen er tyknet.

2. Lad afkøle lidt. Kør saucen gennem en grøntsagskværn eller purér den i en foodprocessor eller blender. Varm forsigtigt op og krydr. Rør olien i. Serveres varm. Kan laves i forvejen og opbevares i lufttæt beholder i køleskabet i op til 5 dage eller i fryseren i op til 2 måneder.

Tomatsauce, siciliansk stil

Salsa di Pomodoro alla Siciliana

Gør omkring 3 kopper

Jeg så Anna Tasca Lanza, som driver en kokkeskole på sin families vingård Regaleali på Sicilien, lave tomatsauce på denne måde. Alt kommer i gryden, så når det har simret nok, pureres saucen i grøntsagskværnen for at fjerne tomatkernerne. Smør og olivenolie, tilsat i slutningen af kogningen, beriger og søder saucen. Server den med kartoffelgnocchi eller frisk fettuccine.

3 pund modne tomater

1 mellemstor løg, skåret i tynde skiver

1 fed hvidløg, hakket

2 spsk hakket frisk basilikum

En knivspids kværnet rød peber

1/4 kop olivenolie

1 spsk usaltet smør

1. Hvis du bruger en foodprocessor til at purere tomaterne, så kvartér dem på langs og fortsæt med trin 2. Hvis du bruger en foodprocessor eller blender, skal du først skrælle tomaterne: Bring en mellemstor gryde vand i kog. Tilsæt tomaterne et par ad gangen og steg i 1 minut. Brug en skål, fjern dem og læg dem i en skål med koldt vand. Gentag med de resterende tomater. Skræl tomaterne, fjern kernerne og skrab kernerne ud.

2. Kom tomater, løg, hvidløg, basilikum og hakket rød peber i en stor gryde. Dæk til og bring det i kog. Kog ved svag varme i 20 minutter eller indtil løget er blødt. Lad afkøle lidt.

3. Kom blandingen gennem en foodprocessor, hvis du bruger en, eller purér den i en blender eller foodprocessor. Kom puréen tilbage i gryden. Tilsæt basilikum, rød peber og salt efter smag.

4. Varm saucen op lige før servering. Tag af varmen og rør olivenolie og smør i. Serveres varm. Kan laves i forvejen og

opbevares i lufttæt beholder i køleskabet i op til 5 dage eller i fryseren i op til 2 måneder.

Tomatsauce, toscansk stil

Salsa di Pomodoro alla Toscana

Giver 3 kopper

Soffritto er en blanding af hakkede aromatiske grøntsager, normalt løg, gulerod og selleri, kogt i smør eller olie, indtil de er bløde og let brunede. Det er et smagsstof i mange saucer, supper og braiser og en væsentlig teknik i det italienske køkken. Mange italienske kokke putter alle ingredienserne til soffrittoen i en kold pande og tænder derefter for varmen. På denne måde tilberedes alle ingredienser forsigtigt, og intet bliver for brunt eller gennemstegt. Den anden metode, hvor man først opvarmer olien og derefter tilføjer de hakkede ingredienser, risikerer at ovrophede olien. Grøntsager kan brune og blive gennemstegte og bitre.

4 spiseskefulde olivenolie

1 mellemstor løg, finthakket

1/2 kop hakket gulerod

¼ kop hakket selleri

1 lille fed hvidløg, finthakket

3 pund friske modne blommetomater, skrællede, frøet og finthakkede, eller 1 (28 ounce) importerede flåede blommetomater med deres juice, anbragt i en foodprocessor

½ dl hønsefond

En knivspids kværnet rød peber

Saltet

2 eller 3 basilikumblade, revet

1. Hæld olien i en mellemstor gryde. Tilsæt løg, gulerod, selleri og hvidløg. Kog over medium varme, omrør lejlighedsvis, indtil grøntsagerne er møre og gyldenbrune, cirka 15 minutter.

2. Rør tomater, bouillon, rød peber og salt i efter smag. Bring det i kog. Dæk gryden delvist til, og kog ved lav varme, under omrøring af og til, indtil den er tyknet, cirka 30 minutter.

3. Rør basilikum i. Serveres varm. Kan laves i forvejen og opbevares i lufttæt beholder i køleskabet i op til 5 dage eller i fryseren i op til 2 måneder.

Pizzaiola sauce

Salsa pizzaiola

Gør omkring 2 1/2 kop

Napolitanere bruger denne velsmagende sauce til at tilberede små bøffer eller koteletter (se jeg kl), eller de serverer det over spaghetti. Det er dog ikke ofte brugt på pizzaer, da den høje varme i napolitanske brændefyrede pizzaovne ville overkoge en allerede kogt sauce. Det tager sit navn fra tomater, hvidløg og oregano, de samme ingredienser, som en pizzamaskine normalt bruger på pizza.

Hak hvidløget meget fint, så der ikke er store stykker i saucen.

2 store fed hvidløg, meget fint hakket

1/4 kop olivenolie

En knivspids kværnet rød peber

1 dåse (28 ounce) importerede italienske tomater med juice, hakket

1 tsk tørret oregano, knust

Saltet

1. I en stor stegepande steges hvidløget i olien ved medium varme, indtil det er gyldent brunt, cirka 2 minutter. Rør den knuste røde peber i.

2. Tilsæt tomater, oregano og salt efter smag. Bring saucen i kog. Kog, under omrøring af og til, i 20 minutter, eller indtil saucen er tyknet. Serveres varm. Kan laves i forvejen og opbevares i lufttæt beholder i køleskabet i op til 5 dage eller i fryseren i op til 2 måneder.

"Falsk" kødsovs

Sugo Finto

Gør omkring 6 kopper

Sugo finto betyder "falsk sauce", et mærkeligt navn for sådan en lækker og anvendelig sauce, og som ofte bruges i det centrale Italien, ifølge min ven Lars Leicht. Denne opskrift kommer fra hendes tante, der bor uden for Rom. Den er så fuld af smag, at du måske tror, der er kød i den. Saucen er perfekt til de tidspunkter, hvor du vil have noget mere komplekst end en almindelig ketchup, men ikke vil tilføje kød. Denne opskrift giver meget, men den kan sagtens skæres i halve, hvis du har lyst.

1/4 kop olivenolie

1 mellemstor gult løg, finthakket

2 små gulerødder, skrællet og finthakket

2 fed hvidløg, hakket

4 friske basilikumblade, hakket

1 lille tørret rød peber, knust, eller en knivspids knust rød peber

1 kop tør hvidvin

2 dåser (28 til 35 ounce hver) importerede blommetomater med deres juice eller 6 pund friske blommetomater, skrællet, frøet og hakket

1. Kom olie, løg, gulerødder, hvidløg, basilikum og chili i en stor gryde. Kog over medium varme, omrør lejlighedsvis, indtil grøntsagerne er bløde og gyldenbrune, cirka 10 minutter.

2. Tilsæt vinen og bring det i kog. Kog i 1 minut.

3. Kom tomaterne gennem en grøntsagskværn i gryden eller purér dem i en blender eller foodprocessor. Bring det i kog og reducer varmen til lav. Smag til med salt. Kog, under omrøring af og til, i 30 minutter, eller indtil saucen er tyknet. Serveres varm. Kan laves i forvejen og opbevares i lufttæt beholder i køleskabet i op til 5 dage eller i fryseren i op til 2 måneder.

Pink sauce

Salsa di pomodoro alla panna

Gør omkring 3 kopper

Den tunge creme blødgør denne smukke lyserøde sauce. Server den med ravioli eller grøn gnocchi.

¼ kop usaltet smør

¼ kop hakkede friske skalotteløg

3 lbs friske tomater, skrællede, frøet og hakket, eller 1 (28 oz) importerede blommetomater med juice

Salt og friskkværnet sort peber

½ kop flødeskum

1. Smelt smørret i en stor gryde ved middel varme. Tilsæt skalotteløg og steg indtil de er gyldenbrune, cirka 3 minutter. Tilsæt tomater, salt og peber og kog under omrøring, indtil saucen koger. Hvis du bruger dåsetomater,

så hak dem med en ske. Kog, under omrøring af og til, indtil saucen er tyknet lidt, cirka 20 minutter. Lad afkøle lidt.

2. Kom tomatblandingen gennem en grøntsagskværn. Kom saucen tilbage i gryden og varm op ved middel varme. Tilsæt fløde og lad det koge i 1 minut eller indtil det er let tyknet. Serveres varm.

Lak tomatsauce

Pomodoro Salsa med Cipolla

Giver 2 1/2 kop

De naturlige sukkerarter fra løgene giver denne sauce en smøragtig sødme. Denne sauce er også lækker med skalotteløg i stedet for løg.

3 spsk usaltet smør

1 spsk olivenolie

1 lille løg, meget fint hakket

3 pund blommetomater, skrællede, udkernede og hakkede, eller 1 (28 ounce) importerede flåede blommetomater med deres juice, anbragt i en foodprocessor

Salt og friskkværnet sort peber efter smag

1. Smelt smør og olie ved middel varme i en medium gryde. Tilsæt løget og steg under omrøring en eller to gange, indtil løget er blødt og gyldenbrunt, cirka 7 minutter.

2.Tilsæt tomaterne samt salt og peber. Bring i kog og kog i 20 minutter eller indtil det er tyknet.

Brændt ketchup

Pomodoro Arrostito Salsa

Gør 1 pund pasta

Selv uperfekte friske tomater kan tilberedes på denne måde. Du kan bruge én type tomat eller flere typer. En kombination af røde og gule tomater er især god. Basilikum eller persille er oplagte valg til krydderurter, men du kan også bruge en blanding med purløg, rosmarin, mynte eller hvad du ellers har ved hånden.

Jeg kan godt lide at bage det i forvejen og derefter blande saucen ved stuetemperatur med varm pasta som penne eller fusilli. Min veninde Suzie O'Rourke fortæller mig, at hendes foretrukne måde at servere det på er som en forret toppet med skiver ristet italiensk brød.

2 1/2 pund runde, blomme-, cherry- eller druetomater

4 fed hvidløg, meget fint hakket

Saltet

En knivspids kværnet rød peber

½ kop olivenolie

½ kop hakket frisk basilikum, persille eller andre krydderurter

1. Sæt en rist i midten af ovnen. Forvarm ovnen til 400°F. Smør en 13×9×2-tommer springform med olie.

2. Hak de runde eller blommetomater groft i 1/2-tommers stykker. Skær cherry- eller blommetomater i halve eller i kvarte.

3. Fordel tomaterne over fadet. Drys med hvidløg, salt og hakket rød peber. Hæld olie over og rør forsigtigt.

4. Steg i 30 til 45 minutter, eller indtil tomaterne er let brunede. Tag tomaterne ud af ovnen og rør krydderurterne i. Serveres lun eller ved stuetemperatur.

Ragù i Abruzzo stil

Ragu Abruzzo

Gør omkring 7 kopper

Grøntsagerne i denne ragù efterlades hele, og noget kød koges på benet. I slutningen af tilberedningstiden fjernes grøntsager og løse ben. Kødet fjernes normalt fra saucen og serveres som en anden ret. Server denne sauce med tykke pastaformer såsom rigatoni.

3 spiseskefulde olivenolie

1 pund svinekød skulder med flere ben, skåret i 2-tommer stykker

1 pund udbenet lammehals eller skulder, skåret i 2-tommers stykker

1 pund udbenet kalvekød, skåret i 1-tommers stykker

1/2 kop tør rødvin

2 spsk tomatpure

4 pund friske tomater, skrællede, frøet og hakket, eller 2 dåser (28 ounce) importerede blommetomater med deres juice, passeret gennem en grøntsagsmølle

2 kopper vand

Salt og friskkværnet sort peber

1 mellemstor løg

1 stang selleri

1 mellemstor gulerod

1. Varm olien op i en stor, tung gryde ved middel varme. Tilsæt kødet og steg under omrøring af og til, indtil det er let brunet.

2. Tilsæt vinen og kog indtil det meste af væsken er fordampet. Rør tomatpuréen i. Tilsæt tomater, vand, salt og peber efter smag.

3. Tilsæt grøntsagerne og bring det i kog. Dæk gryden til og kog under omrøring af og til, indtil kødet er meget mørt,

cirka 3 timer. Hvis saucen virker flydende, skal du fjerne den og koge indtil den er reduceret en smule.

4. Lad afkøle. Fjern alle knogler og grøntsager.

5. Genopvarm før servering eller dæk til og opbevar i køleskabet i op til 3 dage eller frys i op til 3 måneder.

Napolitansk Ragu

Napolitansk gryderet

Gør omkring 8 kopper

Denne solide ragù, lavet med forskellige udskæringer af okse- og svinekød, er, hvad mange italienske amerikanere kalder en "sauce" navn, forberedt til en søndagsfrokost eller middag. Den er ideel til at blande med faste pastaformer som skaller eller rigatoni og til brug i bagte pastaretter som f.eks. <u>Napolitansk lasagne</u>.

Frikadellerne tilsættes saucen mod slutningen af kogetiden, så de kan tilberedes, mens saucen simrer.

2 spsk olivenolie

1 pund kødagtig svinenakkeben eller ribben

1 pund oksekød i ét stykke

1 pund almindelige eller fennikelagtige italienske svinepølser

4 fed hvidløg, let knust

¼ kop tomatpure

3 dåser (28 til 35 ounce) importerede italienske flåede tomater

Salt og friskkværnet sort peber efter smag

6 friske basilikumblade, revet i små stykker

1 opskriftNapolitanske frikadeller, den største størrelse

2 kopper vand

1. Varm olien op i en stor, tung gryde ved middel varme. Dup svinekødet tørt og læg stykkerne i gryden. Kog, vend lejlighedsvis, omkring 15 minutter eller indtil gyldenbrun på alle sider. Læg svinekødet på en tallerken. Brun kødet på samme måde og tag det af panden.

2. Læg pølserne i gryden og steg dem brune på alle sider. Opbevar pølserne sammen med det andet kød.

3. Hæld det meste af fedtet fra. Tilsæt hvidløg og steg 2 minutter eller indtil de er gyldenbrune. Kassér hvidløget. Rør tomatpuréen i; kog 1 minut.

4. Purér tomaterne og deres saft i gryden i en grøntsagskværn. Eller, for en tykkere sauce, skal du bare hakke tomaterne. Tilsæt 2 dl vand og smag til med salt og peber. Tilsæt svinekød, oksekød, pølse og basilikum. Bring saucen i kog. Dæk gryden delvist til, og kog ved svag varme, under omrøring af og til, i 2 timer. Hvis saucen bliver for tyk, tilsæt lidt mere vand.

5. I mellemtiden laver du frikadellerne. Når saucen næsten er færdig, tilsættes frikadellerne til saucen. Kog i 30 minutter eller indtil saucen er tyk og kødet er meget mørt. Fjern kødet fra saucen og server som en anden ret eller et særligt måltid. Servér saucen lun. Dæk til og opbevar i en lufttæt beholder i køleskabet i op til 3 dage eller i fryseren i op til 2 måneder.

pølsegryde

Ragu di Salsiccia

Giver 4 1/2 kop

Små stykker italiensk svinepølse ledsager denne syditalienske sauce. Hvis du kan lide det krydret, så brug varm pølse. Server denne sauce<u>Kartoffel Tortelli</u>eller tyk pasta, såsom skaldyr eller rigatoni.

1 pund almindelige italienske svinepølser

2 spsk olivenolie

2 fed hvidløg, hakket

1/2 kop tør hvidvin

3 lbs friske blommetomater, skrællede, frøet og hakkede, eller 1 (28 oz) importerede flåede blommetomater med deres juice, anbragt i en foodprocessor

Salt og friskkværnet sort peber

3 til 4 friske basilikumblade, revet i stykker

1. Fjern pølsen fra tarmene. Hak kødet fint.

2. Varm olien op i en stor gryde ved middel varme. Tilsæt pølsekød og hvidløg. Kog, omrør ofte, indtil svinekødet er let brunet, cirka 10 minutter. Tilsæt vinen og bring det i kog. Kog indtil det meste af vinen er fordampet.

3. Rør tomater og salt i efter smag. Bring det i kog. Skru ned for varmen. Kog, under omrøring af og til, indtil saucen tykner, cirka 1 time og 30 minutter. Rør basilikum i lige inden servering. Serveres varm. Kan laves i forvejen og opbevares i lufttæt beholder i køleskabet i op til 3 dage eller i fryseren i op til 2 måneder.

Marche stil ragu

Ragù di Carne alla Marchigiana

Gør omkring 5 kopper

Byen Campofilone i Marche, det centrale Italien, er vært for en årlig pastafestival, der tiltrækker besøgende fra hele verden. Festens højdepunkt er maccheroncini, en håndrullet ægspasta serveret med denne velsmagende kødsovs. En blanding af urter og en knivspids nelliker giver denne ragù en speciel smag. Lidt mælk tilsat i slutningen af tilberedningen giver den en cremet smag. Hvis du laver denne sauce i forvejen, tilsæt mælken lige inden servering. Server med fettuccine.

1 hjemmelavet kopKød bouilloneller købt oksefond

1/4 kop olivenolie

1 lille løg, finthakket

1 stilk selleri, finthakket

1 gulerod, hakket

1 spsk hakket frisk fladbladet persille

2 tsk hakket frisk rosmarin

1 tsk hakket frisk timian

1 laurbærblad

1 pund udbenet mørbrad, skåret i 2-tommers stykker

1 dåse (28 ounce) importerede blommetomater, drænet og passeret gennem en grøntsagsmølle

En knivspids malet nelliker

Salt og friskkværnet sort peber

1/2 kop mælk

1. Tilbered lager evt. Hæld olien i en stor gryde. Tilsæt grøntsager og krydderurter og kog over medium varme, under omrøring af og til, i 15 minutter, eller indtil grøntsagerne er møre og gyldenbrune.

2. Tilsæt oksekød og kog, omrør ofte, indtil kødet er brunet. Smag til med salt og peber. Tilsæt tomatpuré, bouillon og

nelliker. Bring det i kog. Dæk gryden delvist til og kog under omrøring af og til, indtil kødet er mørt og saucen er tyk, cirka 2 timer.

3. Fjern kødet, afdryp og hak det fint. Kom det hakkede kød tilbage i saucen.

4. Tilsæt mælken og varm op i 5 minutter før servering. Serveres varm. Kan laves i forvejen og opbevares i lufttæt beholder i køleskabet i op til 3 dage eller i fryseren i op til 2 måneder.

Toscansk kødsauce

Ragu alla Toscana

Giver 8 kopper

Krydderier og citronskal giver dette okse- og svinekød en sød smag. Server den ved siden af Foto.

4 spsk usaltet smør

1/4 kop olivenolie

4 ounce importeret italiensk prosciutto, hakket

2 mellemstore gulerødder

2 mellemstore rødløg

1 stor stilk selleri, finthakket

1/4 kop hakket frisk fladbladet persille

1 pund udbenet mørbrad, skåret i 2-tommers stykker

8 ounce mild italiensk pølse eller pulled pork

2 pund friske tomater eller 1 (28 ounce) importerede blommetomater, hakkede

2 hjemmelavede kopperKød bouilloneller købt oksefond

½ kop tør rødvin

½ tsk revet citronskal

en knivspids kanel

En lille smule muskatnød

Salt og friskkværnet sort peber efter smag

1. Smelt smør og olivenolie i en stor gryde ved middel varme. Tilsæt prosciutto og hakkede grøntsager og kog under jævnlig omrøring i 15 minutter.

2. Rør kødet i, og kog, omrør ofte, indtil det er brunet, cirka 20 minutter.

3. Tilsæt tomater, bouillon, vin, citronskal, kanel, muskatnød, salt og peber efter smag. Bring blandingen i kog. Kog, under omrøring af og til, indtil saucen tykner, cirka 2 timer.

4. Fjern oksekødsstykkerne fra panden. Læg dem på et skærebræt og skær dem i små stykker. Rør hakket kød i saucen. Serveres varm. Kan laves i forvejen og opbevares i lufttæt beholder i køleskabet i op til 3 dage eller i fryseren i op til 2 måneder.

Bolognese ragout

Bolognese ragout

Gør omkring 5 kopper

Hos Tamburini, den bedste delikatesseforretning i Bologna, kan du købe mange typer frisk ægspasta. De mest berømte er tortellini, pastaplader på størrelse med en nikkel fyldt med mortadella, en delikat krydret svinekødspølse. Tortellini serveres enten brodo, "bouillon", alla panna, i en tung flødesauce, eller bedre, al ragù, med en rig kødsauce. Den lange og langsomme tilberedning af soffritto (aromatiske grøntsager og pancetta) giver Bolognese ragù en dyb og rig smag.

2 hjemmelavede kopperKød bouilloneller købt oksefond

2 spsk usaltet smør

2 spsk olivenolie

2 ounce pancetta, fint hakket

2 små gulerødder, skrællet og finthakket

1 løg, finthakket

1 blød selleristængel, finthakket

8 ounce kalvekød

8 ounce svinekød

8 ounce hakket oksekød

1/2 kop tør rødvin

3 spsk tomatpure

1/4 tsk revet muskatnød

Salt og friskkværnet sort peber

1 kop mælk

1. Tilbered lager evt. Smelt smør og olie i en stor gryde ved middel varme. Tilsæt pancetta, gulerod, løg og selleri. Kog blandingen ved lav varme, under omrøring af og til, indtil alle smagene er meget glatte og en rig gylden farve, cirka 30 minutter. Hvis ingredienserne begynder at brune for meget, tilsæt lidt varmt vand.

2. Tilsæt kødet og rør godt rundt. Kog, omrør ofte for at bryde klumper, indtil kødet mister sin lyserøde farve, men ikke bruner, cirka 15 minutter.

3. Tilsæt vinen og lad det simre indtil væsken er fordampet, cirka 2 minutter. Rør tomatpuré, bouillon, muskatnød i og smag til med salt og peber. Bring blandingen i kog. Kog ved lav varme, under omrøring af og til, indtil saucen er tyknet, ca. 9/2 til 3 timer. Hvis saucen bliver for tyk, tilsættes lidt mere bouillon eller vand.

4. Rør mælken i og kog i yderligere 15 minutter. Serveres varm. Kan laves i forvejen og opbevares i lufttæt beholder i køleskabet i op til 3 dage eller i fryseren i op til 2 måneder.

Andegryderet

Ragu di Anatra

Gør omkring 5 kopper

Gråænder trives i Venetos søer og sumpe, og lokale kokke bruger dem til at tilberede lækre retter. De er stegt, bagt eller tilberedt i en ragù. Den fyldige, muntre sauce spises med bigoli, tyk fuldkornsspaghetti tilberedt med en brændt, håndbetjent pastapresse. Friske tamænder, selvom de ikke er så velsmagende som den vilde sort, er gode erstatninger. Jeg serverer saucen med fettuccine og andestykkerne som anden ret.

Bed slagteren om at skære anden i kvarte for dig, eller gør det selv med fjerkræsaks eller en stor kokkekniv. Hvis du foretrækker ikke at bruge det, skal du blot udelade leveren.

1 and (ca. 5 1/2 pund)

2 spsk olivenolie

Salt og friskkværnet sort peber efter smag

2 ounce pancetta, hakket

2 mellemstore løg, hakket

2 mellemstore gulerødder, hakket

2 stilke selleri, finthakket

6 friske salvieblade

Et nip friskrevet muskatnød

1 kop tør hvidvin

2 1/2 dl flåede, frøede og hakkede friske tomater

1. Skyl anden indvendig og udvendig og fjern fedtet fra hulrummet. Skær anden i 8 stykker med fjerkræsaks. Skær først anden langs rygraden. Åbn din ånde som en bog. Skær anden på langs med en stor kniv mellem begge sider af brystet. Skær låret væk fra brystet. Adskil benet og undersøg leddet. Adskil vingen og brystet ved leddet. Hvis du bruger lever, skær den i tern og sæt den til side.

2. Varm olien op ved middel varme i en stor tykbundet gryde. Tør anden med køkkenpapir. Tilsæt ænderne og steg under

omrøring af og til, indtil de er brune på alle sider. Smag til med salt og peber. Læg anden på et fad. Fjern alt på nær 2 spiseskefulde fedt.

3. Tilsæt pancetta, løg, gulerødder, selleri og salvie til gryden. Kog i 10 minutter, under omrøring af og til, indtil grøntsagerne er bløde og gyldenbrune. Tilsæt vinen og lad det simre i 1 minut.

4. Kom anden tilbage i gryden og tilsæt tomater og vand. Varm væsken op til kog. Dæk gryden delvist til og kog under omrøring af og til i 2 timer, eller indtil anden er meget mør, når den gennembores med en gaffel. Rør eventuelt andeleveren i. Tag gryden af varmen. Lad det køle lidt af og skum fedtet fra overfladen. Fjern kødstykkerne fra saucen med en hulske og læg dem på en tallerken. Dæk til for at holde varmen.

5. Server saucen med varm kogt fettuccine, efterfulgt af and som anden ret. Hele retten kan tilberedes op til 2 dage i forvejen, opbevares i en lufttæt beholder og på køl.

Kanin- eller kyllingegryderet

Ragù di Coniglio eller Pollo

Giver 3 kopper

Ved påskemiddagen var det tradition for os at starte med pasta i kaningryderet. Til dem i familien, der ikke vil spise kanin, lavede mor den samme sauce med kylling. I betragtning af hvor lækkert kaninkød er, har jeg altid kunnet lide kyllingegryderet meget bedre. Bed slagteren om at skære kaninen eller kyllingen for dig.

1 lille kanin eller kylling, skåret i 8 stykker

2 spsk olivenolie

1 dåse (28 ounce) importerede italienske tomater med juice, hakket

1 mellemstor løg, finthakket

1 mellemstor gulerod, finthakket

1 fed hvidløg, hakket

½ kop tør hvidvin

1 tsk hakket frisk rosmarin

Salt og friskkværnet sort peber

1. Varm olien op i en stor gryde ved middel varme. Dup kanin- eller kyllingestykkerne tørre og drys dem med salt og peber. Læg dem i gryden og brun godt på alle sider, cirka 20 minutter.

2. Læg stykkerne på en tallerken. Fjern alt på nær to spiseskefulde fedt fra panden.

3. Tilsæt løg, gulerod, hvidløg og rosmarin i gryden. Kog, omrør ofte, indtil grøntsagerne er bløde og let brunede. Tilsæt vinen og lad det simre i 1 minut. Før tomaterne med deres saft gennem en madmølle eller purér dem i en blender eller foodprocessor og kom dem i gryden. Salt og peber efter smag. Reducer varmen til lav og dæk gryden delvist. Lad det simre i 15 minutter under omrøring af og til.

4. Kom kødet tilbage i gryden. Kog i 20 minutter, under omrøring af og til, indtil kødet er mørt og let falder af benet. Fjern kødstykkerne fra saucen med en hulske og læg dem på en tallerken. Dæk til for at holde varmen.

5. Server saucen over varm, kogt fettuccine, efterfulgt af kanin eller kylling som anden ret. Kan laves i forvejen og opbevares i lufttæt beholder i køleskabet i op til 3 dage eller i fryseren i op til 2 måneder.

Stuvning af porcini-svampe og kød

Ragù di Funghi og Carne

Gør omkring 6 kopper

Selvom der er skrevet meget om Piemontes store hvide trøfler, er svampe, som franskmændene kalder porcini, lige så meget en skat i regionen. Meget efter regn er de tykke brune huer af svampe understøttet af korte cremede hvide stængler, hvilket giver dem et fyldigt udseende. Deres navn betyder lille gris. Grillet eller ristet med olivenolie og krydderurter, smagen af svampe er sød og nøddeagtig. Fordi friske svampe kun er tilgængelige i foråret og efteråret, er kokke i denne region afhængige af tørrede svampe resten af året for at give saucer og saucer en rig, træagtig smag.

Tørrede svampe sælges normalt i klar plast- eller cellofanemballage. Se efter store, hele skiver med minimalt med krummer og snavs i bunden af posen. "Før salg"-datoen skal være inden for et år. Smagen forsvinder, efterhånden som svampene ældes. Opbevar tørrede svampe i en lufttæt beholder.

1½ hjemmelavet kopKød bouillonHeller købt oksefond

1 ounce tørrede svampe

2 kopper lunkent vand

2 spsk olivenolie

2 ounce hakket pancetta

1 gulerod, hakket

1 mellemstor løg, hakket

1 stilk selleri, finthakket

1 fed hvidløg, meget fint hakket

1 1/2 pund kalvekød

1/2 kop tør hvidvin

Salt og friskkværnet sort peber

1 kop hakkede friske eller dåse importerede blommetomater

1/4 tsk frisk revet muskatnød

1. Tilbered lager evt. I en mellemstor skål lægges svampene i blød i vand i 30 minutter. Fjern svampene fra udblødningsvæsken. Si væsken gennem et papirkaffefilter eller et stykke fugtigt osteklæde over i en ren skål og stil til side. Skyl svampene under rindende vand, vær opmærksom på bunden, hvor jorden samler sig. Hak svampene fint.

2. Hæld olien i en stor gryde. Tilsæt pancettaen og steg ved middel varme i cirka 5 minutter. Tilsæt gulerod, løg, selleri og hvidløg og steg, under omrøring ofte, indtil de er bløde og gyldenbrune, cirka 10 minutter mere. Tilsæt kalvekød og steg, indtil det er let brunet, og rør jævnligt for at bryde klumper. Tilsæt vinen og kog i 1 minut. Smag til med salt og peber.

3. Tilsæt tomater, svampe, muskatnød og reserveret svampevæske. Bring det i kog. Kog i 1 time eller indtil saucen er tyknet. Serveres varm. Kan laves i forvejen og opbevares i lufttæt beholder i køleskabet i op til 3 dage eller i fryseren i op til 2 måneder.

Svinekød med friske krydderurter

Ragu di Maiale

Giver 6 kopper

Hos Natale Liberale i Puglia spiste min mand og jeg denne hakkede svinegryderet over troccoli, en frisk rektangulær spaghetti, der ligner pasta alla chitarra i Abruzzo. Den blev lavet af hendes mor Enza, som viste mig, hvordan man skærer plader af hjemmelavet ægspasta med en speciel trækugle. Ragù er også lækkert med frisk orecchiette eller fettuccine.

De mange forskellige urter gør Enza ragù så speciel. De uddyber smagen af saucen, mens den simrer. Friske krydderurter er ideelle, men frosne eller tørrede krydderurter kan erstattes, selvom jeg undgår tørret basilikum, hvilket er ubehageligt. Erstat frisk persille, hvis basilikum ikke er tilgængelig.

4 spiseskefulde olivenolie

1 mellemstor løg, finthakket

½ kop hakket frisk basilikum eller fladbladet persille

¼ kop hakkede friske mynteblade eller 1 tsk tørret

1 spsk hakket frisk salvie eller 1 tsk tørret

1 tsk hakket frisk rosmarin eller ½ tsk tørret

½ tsk fennikelfrø

1 pund svinekød

Salt og friskkværnet sort peber

½ kop tør rødvin

1 dåse (28 ounce) importerede italienske tomater med juice, hakket

1. Kom olie, løg, alle krydderurter og fennikelfrø i en stor gryde og skru op for varmen. Kog under omrøring af og til, indtil løget er blødt og gyldenbrunt, cirka 10 minutter.

2. Rør svinekød, salt og peber i efter smag. Kog, omrør ofte for at bryde klumper, indtil svinekødet mister sin lyserøde

farve, cirka 10 minutter. Tilsæt vinen og lad det simre i 5 minutter. Rør tomaterne i og kog 1 time eller indtil saucen er tyknet. Serveres varm. Kan laves i forvejen og opbevares i lufttæt beholder i køleskabet i op til 3 dage eller i fryseren i op til 2 måneder.

Kødgryderet med trøffel

Ragu Tartufato

Giver 5 kopper

I Umbrien tilsættes lokalt dyrkede sorte trøfler til ragùen ved slutningen af madlavningen. De giver saucen en særlig træagtig smag.

Du kan udelade trøflen eller bruge en trøffel i potte, som fås i specialbutikker. En anden mulighed er at bruge lidt trøffelolie. Brug kun en lille mængde, da smagen kan være overvældende. Server denne sauce med frisk fettuccine. Saucen er så rig, at revet ost ikke er nødvendig.

1 ounce tørrede svampe

2 kopper varmt vand

2 spsk usaltet smør

8 ounce svinekød

8 ounce kalvekød

2 ounce skive pancetta, skåret i tynde skiver

1 stilk selleri, halveret

1 mellemstor gulerod, halveret

1 lille løg, pillet men efterladt hel

2 mellemstore friske tomater, skrællede, frøet og hakkede, eller
1 kop importerede blommetomater på dåse, drænet og hakket

1 spsk tomatpuré

¼ kop flødeskum

1 lille sort trøffel, frisk eller fra en krukke, skåret i tynde skiver eller et par dråber trøffelolie

Et nip friskrevet muskatnød

1. Læg porcini-svampene i en skål med vandet. Læg i blød i 30 minutter. Fjern svampene fra væsken. Si væsken gennem et kaffefilter eller fugtigt osteklæde over i en ren skål og stil til side. Vask svampene godt under koldt vand, og vær særlig

opmærksom på bunden af stilken, hvor jorden samler sig. Hak svampene fint.

2. Smelt smørret i en stor gryde ved middel varme. Tilsæt kødet og steg under omrøring for at bryde klumper, indtil kødet mister sin lyserøde farve, men ikke bruner. Det skal være blødt.

3. Tilsæt vinen og lad det simre i 1 minut. Tilsæt selleri, gulerod, løg og svampe og 1 dl væske, tomater og tomatpure og bland godt. Kog ved meget lav varme i 1 time. Hvis saucen bliver for tør, tilsæt lidt væske til svampene.

4. Når ragù har kogt i 1 time, fjernes selleri, gulerod og løg. Indtil videre kan saucen laves på forhånd. Afkøl, opbevar i en lufttæt beholder og opbevar i køleskabet i op til 3 dage eller i fryseren i op til 2 måneder. Varm saucen op igen, inden du fortsætter.

5. Lige inden servering tilsættes fløde, trøffel og muskatnød til den varme sauce. Rør forsigtigt, men lad det koge, for at bevare smagen af trøflen. Serveres varm.

Smør og salviesauce

Salsa al Burro og Salvia

Giver 1/2 kop

Det er så enkelt, at jeg tøvede med at tilføje det, men det er den klassiske sauce til frisk ægspasta, især fyldt pasta som ravioli. Brug frisk smør og drys den færdige ret over friskrevet Parmigiano-Reggiano ost.

1 stav usaltet smør

6 salvieblade

Salt og friskkværnet sort peber

Parmigiano Reggiano

> Smelt smørret med salvie ved svag varme. Lad det simre i 1 minut. Smag til med salt og peber. Server med varm kogt pasta og pynt med Parmigiano-Reggiano ost.
>
> **Variation:** Brun smørsauce: Kog smørret et par minutter, indtil det er lysebrunt. Glem vismanden. Hasselnøddesauce:

Tilsæt 1/4 kop hakkede ristede hasselnødder til smør. Glem vismanden.

Hellig olie

Olio Santo

Giver 1 kop

Italienere i Toscana, Abruzzo og andre dele af det centrale Italien kalder denne olie hellig, fordi den bruges til at "salve" mange supper og pastaer, ligesom hellig olie bruges i nogle sakramenter. Hæld denne olie i supper eller rør den i pasta. Pas på, det er varmt!

Du kan bruge tørret chili fundet i din lokale købmand. Hvis du er på et italiensk marked, så kig efter peperoncino eller "chilipeber" som sælges i pakker.

1 spsk stødt tørret chili eller stødt rød chili

1 kop ekstra jomfru olivenolie

Bland paprika og olie i en lille glasflaske. Forsegl og ryst godt. Lad stå i 1 uge før brug. Kan opbevares køligt og mørkt i op til 3 måneder.

Fontina ostesauce

Fondue

Giver 1 3/4 kop

Hos Locanda di Felicin i Monforte d'Alba i Piemonte serverer ejeren Giorgio Rocca denne fyldige og lækre sauce på lave tallerkener, pyntet med trøfler som forret eller over grøntsager som broccoli eller asparges. Prøv det<u>Kartoffel gnocchi,</u> Også.

2 store æggeblommer

1 kop flødeskum

1/2 pund Fontina Valle d'Aosta, skåret i 1/2-tommers terninger

Pisk æggeblommer og fløde sammen i en lille gryde. Tilsæt ost og kog over medium varme under konstant omrøring, indtil osten er smeltet og saucen er jævn, cirka 2 minutter. Serveres varm.

bechamel

Balsamico salsa

Gør omkring 4 kopper

Denne enkle hvide sauce kombineres normalt med ost og bruges over bagt pasta eller grøntsager. Opskriften kan sagtens halveres.

1 liter mælk

6 spsk usaltet smør

5 spiseskefulde mel

Salt og friskkværnet sort peber efter smag

Et nip friskrevet muskatnød

1. Varm mælken op i en mellemstor gryde, indtil der dannes små bobler rundt om kanterne.

2. Smelt smørret i en stor gryde ved middel varme. Tilsæt mel og bland godt. Kog i 2 minutter.

3. Tilsæt langsomt mælken i en tynd stråle og rør rundt med et piskeris. Til at begynde med vil saucen være tyk og klumpet, men den vil gradvist løsne sig og blive mere jævn, efterhånden som resten af saucen blandes i.

4. Når al mælken er tilsat tilsættes salt, peber og muskatnød. Øg varmen til medium og rør konstant, indtil blandingen koger. Kog i yderligere 2 minutter. Fjern fra varmen. Denne sauce kan tilberedes op til 2 dage i forvejen. Hæld i en beholder, læg plastfolie direkte på overfladen og forsegl tæt for at forhindre, at der dannes et skind, og stil derefter på køl. Varm op ved svag varme inden brug, tilsæt lidt mælk, hvis den er for tyk.

hvidløgssauce

Agliata

Giver 1 1/2 kop

Hvidløgssauce kan serveres til kogt eller grillet kød, kylling eller fisk. Jeg har endda blandet det med varm kogt pasta til et hurtigt måltid. Denne version kommer fra Piemonte, selvom jeg også har fået nøddefri agliata på Sicilien. Jeg elsker den smag, de ristede nødder giver den.

2 fed hvidløg

2 eller 3 skiver italiensk brød, skorper fjernet

1/2 kop ristede valnødder

1 kop ekstra jomfru olivenolie

Salt og friskkværnet sort peber

1. Kom hvidløg, brød, nødder, salt og peber i en foodprocessor eller blender efter smag. Behandle indtil fint hakket.

2. Med motoren kørende blandes olien gradvist i. Behandl indtil saucen er tyk og glat.

3. Lad stå ved stuetemperatur i 1 time før servering.

Grøn sauce

grøn salsa

Giver 1½ kop

Selvom jeg har spist salsa verde i en eller anden form over hele Italien, er denne version min favorit, fordi brødet giver den en cremet konsistens og hjælper persillen med at flyde i væsken. Ellers vil persille og andre faste stoffer synke til bunds. Server den grønne sauce til den klassiske Bollito Misto gryderet (Blandet kogt kød), med grillet eller stegt fisk, eller på skivede tomater, kogte æg eller dampede grøntsager. Mulighederne er uendelige.

3 kopper løst pakket frisk fladbladet persille

1 fed hvidløg

¼ kop italiensk eller skorpefri baguette, i tern

6 ansjosfileter

3 spsk drænede kapers

1 kop ekstra jomfru olivenolie

2 spsk rød- eller hvidvinseddike

Saltet

1. Hak persille og hvidløg fint i en foodprocessor. Tilsæt croutoner, ansjoser og kapers og bland til det er finthakket.

2. Mens maskinen kører, tilsæt olie og eddike og en knivspids salt. Når det er blandet, smag til krydderier; justere efter behov. Dæk til og opbevar ved stuetemperatur i op til to timer eller i køleskabet for længere opbevaring.

www.ingramcontent.com/pod-product-compliance
Lightning Source LLC
Chambersburg PA
CBHW071854110526
44591CB00011B/1401